2020年
中国互联网学习发展报告

教育部教育管理信息中心
数字学习与教育公共服务教育部工程研究中心
百度文库
著

清华大学出版社
北京

内容简介

《2020 年中国互联网学习发展报告》整体把握中国“互联网＋教育”发展状态，通过量化和质性方法，从全域视野看中国教育信息化发展全局生态，包括各个教育领域的发展态势、发展案例、发展问题，以及互联网教育行业发展的规模和结构等。同时，更能以科学视角看清教育信息化面向互联网时代的转型格局，理解信息技术与教育教学深度融合“最后一公里”的旅程，客观、全面地理解中国教育信息化发展进程，并以“互联网＋”思维推动教育信息化建设模式时代发展，推动体制内外协同视角下教育系统重构及教育信息化服务系统重塑。

本书对 2020 年中国互联网学习的发展及各领域的发展状况进行了详细的介绍，内容丰富，有利于各级决策部门、教育信息化建设相关参与方及广大一线学校教育信息化融合创新实践单位科学决策、协同合作。

图书在版编目(CIP)数据

2020 年中国互联网学习发展报告/教育部教育管理信息中心，数字学习与教育公共服务教育部工程研究中心，百度文库著. —北京：清华大学出版社，2021.9
ISBN 978-7-302-59137-5

Ⅰ. ①2… Ⅱ. ①教… ②数… ③百… Ⅲ. ①教育工作－信息化－研究报告－中国－2020 Ⅳ. ①G52

中国版本图书馆 CIP 数据核字(2021)第 182813 号

责任编辑：赵铁华
封面设计：常雪影
责任校对：袁　芳
责任印制：沈　露

出版发行：清华大学出版社
　　网　　址：http://www.tup.com.cn，http://www.wqbook.com
　　地　　址：北京清华大学学研大厦 A 座　　**邮　　编**：100084
　　社 总 机：010-62770175　　**邮　　购**：010-62786544
　　投稿与读者服务：010-62776969，c-service@tup.tsinghua.edu.cn
　　质量反馈：010-62772015，zhiliang@tup.tsinghua.edu.cn
印 装 者：三河市龙大印装有限公司
经　　销：全国新华书店
开　　本：185mm×260mm　　**印　　张**：5.75　　**字　　数**：129 千字
版　　次：2021 年 10 月第 1 版　　**印　　次**：2021 年 10 月第 1 次印刷
定　　价：68.00 元

产品编号：093564-01

《2020年中国互联网学习发展报告》
编　委　会

序　　言

2020 年是互联网学习发展历程中极不平凡的一年。年初突如其来的一场新型冠状病毒肺炎疫情，导致全社会陷入停摆状态，学校被迫关校停学、企业被迫停工、传统商业行为被迫停止。各行各业为了应对疫情，纷纷选择线上解决方案。教育领域推出的线上教学成为“停课不停学”“关校不停教”的有力支撑。互联网学习在疫情期间发挥了重要作用，逐渐形成了后疫情时代的教育新常态。

为全面而深入地反映中国互联网学习的状况、特征、发展、影响和成效，自 2013 年开始由教育部教育管理信息中心组织编写《中国互联网学习白皮书》。其特点是从学习视角出发，在系统梳理和总结教育实践中应用互联网学习情况的基础上，为政策制定、科学研究、教学应用、产品研发、产业推进等提供依据和支撑。历经 7 年，《中国互联网学习白皮书》系统地呈现了中国互联网学习的发展轨迹、路径和特点，为推动互联网学习的普及和提升发挥了积极而重要的作用。

《中国互联网学习白皮书》在过去 6 年的发展过程中经历了多次重要变化，主要体现在白皮书所反映的内容、体系和形式上。2020 年的《中国互联网学习白皮书》发生的变化更加突出，主要表现在以下 4 个方面。

(1) 名称发生改变。从《中国互联网学习白皮书》改变为《中国互联网学习发展报告》。

(2) 基础分析模型的迭代升级。在 EDM 模型的基础上，为适应互联网学习的发展特征，提出了 CASE 模型，以实现对 EDM 模型的迭代和升级。相对于 EDM 模型，CASE 模型更加强调互联网学习的应用性，并从环境、能力、支撑维度上对互联网学习进行了系统的分析。

(3) 内容的丰富和完善。2020 年《中国互联网学习白皮书》转变为《中国互联网学习发展报告》，依据 CASE 模型对互联网学习进行分析，从互联网学习的特征和过程出发构建指标体系，因此用于表征互联网学习的内容更加丰富和完整。

(4) 分册构成更加体系化。2020 年，《中国互联网学习发展报告》体系包括 1＋X＋

N，共11个分册。其中1代表《中国互联网学习发展报告》（总报告），1个分册；X代表领域发展报告，共6个分册，主要包括学前教育、基础教育、高等教育、继续教育、教师教育、人工智能教育；N代表区域，共4个分册，主要包括青岛、深圳、南京和吉林4个分册。与2019年相比，体系化进一步增强。

参与《2020年中国互联网学习发展报告》编撰的专家、教师、管理者、学生、家长、机构、企业等众多，覆盖地域、领域宽泛，全方位、多视角地呈现了2020年互联网学习的状况、成果、经验、问题和趋势。可靠的数据来源和科学的研究方法为发展报告的质量提供了充分的保证。

我们期待《2020年中国互联网学习发展报告》在增强应对疫情在线学习政策制定的针对性、提高学生参与在线教育的经验和能力、提升教育领域应对疫情时代教育新常态（混合学习）的挑战等方面发挥积极而重要的作用。

中国互联网学习发展报告项目组

2020年5月

目　　录

第 1 章　绪论　1

1.1　概述 …… 1
1.2　发展历程 …… 4
1.3　项目设计 …… 5
1.4　内容与体系 …… 8

第 2 章　学前教育领域互联网学习发展　9

2.1　年度特征 …… 9
2.2　发展状况 …… 9
2.3　问题与趋势 …… 13

第 3 章　基础教育领域互联网学习发展　15

3.1　年度概况 …… 15
3.2　年度特征 …… 16
3.3　发展指数分析 …… 18
3.4　学生互联网学习发展情况 …… 19
3.5　教师互联网教学发展情况 …… 21
3.6　疫情期间互联网学习开展情况 …… 22
3.7　关键问题及发展趋势 …… 24

第 4 章　高等教育领域互联网学习发展　27

4.1　年度特征 …… 27
4.2　发展状况 …… 29
4.3　问题与趋势 …… 35

第 5 章 职业教育领域互联网学习发展 39

5.1 年度概况 …… 39
5.2 年度特征 …… 40
5.3 从疫情看职业教育互联网学习的关键问题 …… 42

第 6 章 继续教育领域互联网学习发展 45

6.1 年度概况 …… 45
6.2 年度特征 …… 46
6.3 发展指数分析 …… 47
6.4 普通高校继续教育互联网学习进展 …… 48
6.5 开放大学体系互联网学习进展 …… 49
6.6 行业企业推进的互联网学习进展 …… 51
6.7 社区教育和老年教育的互联网学习进展 …… 52
6.8 关键问题与发展趋势 …… 53

第 7 章 教师教育领域互联网学习发展 55

7.1 年度特征 …… 55
7.2 发展状况 …… 56
7.3 问题与趋势 …… 58

第 8 章 人工智能教育领域互联网学习发展 61

8.1 年度特征 …… 61
8.2 基于课程的人工智能教育发展状况 …… 62
8.3 人工智能助力教育赋能发展状况 …… 64
8.4 存在问题与发展趋势 …… 68

第 9 章 年度互联网学习发展全域分析 69

9.1 互联网学习整体趋势 …… 69
9.2 互联网学习基本特征 …… 70
9.3 全域互联网学习发展水平指数分析 …… 72

第 10 章　年度互联网学习发展中的关键问题和发展趋势　77

10.1　关键问题 …… 77

10.2　发展趋势 …… 79

附录　《2020 年中国互联网学习发展报告》编写团队及支持机构介绍　81

第1章 绪　论

1.1 概述

互联网学习是指学生在互联网环境下开展相关学习活动,包括利用互联网资源和互联网沟通工具、学习在线课程等。与互联网学习相似的概念非常多,如基于Web的学习、在线学习、网络学习、e-Learning、虚拟空间学习(cyber learning)、在线教育等。

从2014年开始,中国互联网学习白皮书的研究经历了7个年头。在7年的时间里,该研究对中国互联网学习领域的发展状况进行了系统的概括、描述和分析,对推动中国互联网学习的应用与发展起到了积极的作用。

2020年是中国互联网学习发展历史上的重要一年。年初全球暴发了新冠肺炎疫情,在最严重的时候,全球84.1%的中小学、大学关校、停课,受影响的学生达到14.7亿人。许多国家为了“关校不停课”“停课不停学”,纷纷采用在线教学方式,通过互联网为学生提供学习内容,组织在线学习活动,学生在家中参与网络学习,从而保证了疫情期间教学的正常进行。疫情期间,互联网学习从过去的支撑式、伴随式、隐含式发展为主导式、引领式和显性式。互联网学习为保证学生在疫情期间的不间断学习发挥了重要和不可替代的作用。

教育实践者在疫情期间探索了多种形式的互联网学习,最为常见的一种互联网学习场景是教师和学生分别在家中,通过在线学习平台,如视频会议系统(如腾讯会议、ZOOM)、学习管理系统(如钉钉、Blackboard)等,完成教与学活动。互联网学习也可用于实验教学,这种形式的应用场景呈现为:教师在实验室中,通过示范性实验操作,向学生介绍实验操作过程,呈现实验结果,并对实验现象进行解释,学生在该过程中可以随时提出自己的疑问。互联网学习在教育的全过程应用中,还形成了学位答辩、考试等应用场景。在线学位答辩涉及相对固定的流程,答辩老师和学生在不同的场地完成线上答辩过程,包括学生在线报告、答辩委员会在线提出问题、学生在线回答问题、答辩委员会合议、公布答辩结果等。在线考试的应用场景包含多种形式,包括课程考试、入学考试、面试等。在线考试涉及如何防止作弊的问题。由于考生不在现场,如何防止可能发生的作弊行为是保证在线考试可信度的重要因素。为了杜绝作弊行为,除了对考生强调自我约束外,还从技术上进行了多种探索,比较成熟的一种技术方案是采用双位置摄像,保证考试空间的独立性。从上述这些应用场景看,互联网学习在教育的全链条得到了深度和广泛应用。

为应对疫情对教育的影响,教育部针对互联网学习出台了多项政策,为疫情期间的互联网学习提供了规范和指引。

2020年2月4日，教育部应对新型冠状病毒感染肺炎疫情工作领导小组办公室发布了《关于在疫情防控期间做好普通高等学校在线教学组织与管理工作的指导意见》。截至2020年2月2日，教育部组织22个在线课程平台制订了多样化在线教学解决方案，免费开放2.4万余门在线课程，其中包括1291门国家精品在线开放课程和401门国家虚拟仿真实验课程，覆盖了12个本科学科门类、18个专科高职专业大类，供高校选择使用。国家虚拟仿真实验教学课程共享平台（实验空间）全天候开放，免费提供2000余门虚拟仿真实验课程资源，并提供在线实验教学支撑和教学考核管理。

2020年2月6日，教育部应对新型冠状病毒感染肺炎疫情工作领导小组办公室发布了《关于疫情防控期间以信息化支持教育教学工作的通知》，提出教育部组织中国教育和科研计算机网（以下简称教育网）及中国移动、中国电信、中国联通、中国卫通等电信运营企业，加强对国家和各地教育资源公共服务平台、各级各类学校网络的保障，为各地各校开展网络教学、师生和家长获取数字教育资源、开展在线学习提供快速稳定的网络服务。教育网应保障教育视频会议系统安全运行，为及时了解各地疫情情况和指挥疫情防控工作提供支撑。

2020年2月10日，教育部应对新型冠状病毒肺炎疫情工作领导小组办公室发布《关于在疫情防控期间有针对性地做好教师工作若干事项的通知》，提出要充分利用国家网络云课堂、国家教育资源公共服务平台、国家开放大学数字化学习资源中心、中国教育干部网络学院、中国教育电视台频道节目、“人教点读”APP、人教网、高等教育出版社爱课程等免费平台，指导学生在线学习或收听收看。

2020年2月12日，教育部办公厅、工业和信息化部办公厅联合印发《关于中小学延期开学期间“停课不停学”有关工作安排的通知》，提出教育部整合国家、有关省市和学校优质教学资源，在延期开学期间开通国家中小学网络云平台和中国教育电视台空中课堂，免费供各地自主选择使用。

2020年2月27日，教育部办公厅印发《关于深入做好中小学“停课不停学”工作的通知》，提出统筹利用电视和网络资源，实现了优势互补、资源共享、全面覆盖，特别是满足了偏远农村等无网络或信号弱地区学生的学习需要。

2020年2月28日，中共教育部党组发布《关于统筹做好教育系统新冠肺炎疫情防控和教育改革发展工作的通知》，提出要充分认识学校在疫情防控期间大规模、成建制开展在线教育教学，是对教育系统应对重大突发公共卫生事件能力的一次检验，对运用信息化手段推进教育教学改革具有重大意义。

2020年2月28日，教育部应对新型冠状病毒肺炎疫情工作领导小组办公室发布《关于做好2020年上半年毕业研究生学位授予相关工作的通知》，提出对已完成学位论文、尚未进行答辩的春季毕业研究生，培养单位可在保证学位授予质量和遵守保密要求的前提下，组织开展远程视频答辩，并通过信息化手段实现不记名投票。导师要加强与研究生的日常沟通，通过线上交流研讨，主动为研究生学习和撰写学位论文提供支持和指导。

2020年3月5日，教育部发布《关于加强“三个课堂”应用的指导意见》，其中的“专递课堂”强调专门性，主要针对农村薄弱学校和教学点缺少师资，开不出、开不足、开不好国家规定课程的问题，采用网上专门开课或同步上课、利用互联网按照教学进度推送适切的优质教育资源等形式，帮助其开齐、开足、开好国家规定课程，促进教育公平和均衡发展。"名师课堂"强调共享性，主要针对教师教学能力不强、专业发展水平不高的问题，通过组建网络研修共同体等方式，发挥名师名课示范效应，探索网络环境下教研活动的新形态，以优秀教师带动普通教师水平提升，使名师资源得到更大范围共享，促进教师专业发展。"名校网络课堂"强调开放性，主要针对有效缩小区域、城乡、校际之间教育质量差距的迫切需求，以优质学校为主体，通过网络学校、网络课程等形式，系统性、全方位地推动优质教育资源在区域或全国范围内共享，满足学生对个性化发展和高质量教育的需求。

2020 年 3 月 17 日，教育部办公厅发布《关于做好 2020 年春季学期中小学教育教学工作的通知》，提出要认真总结延期开学期间线上教学的有益经验，深入分析解决存在的突出问题，继续做好线上教学资源开发和运行维护工作，着力搭建常态化的线上学习平台，供学生自主学习选择使用。

2020 年 4 月 28 日，教育部等八部门发布《关于加快构建高校思想政治工作体系的意见》，提出提升校园新媒体网络平台的服务力、吸引力和粘合度，切实增强易班网、中国大学生在线等网络阵地的示范性、引领性和辐射度，重点建设一批高校思政类公众号，发挥新媒体平台对高校思政工作的促进作用。引导和扶持师生积极创作导向正确、内容生动、形式多样的网络文化产品。

2020 年 8 月 26 日，教育部等六部门发布《关于联合开展未成年人网络环境专项治理行动的通知》，提出通过联合开展网络环境专项治理行动，整治影响未成年人健康成长的不良网络社交行为、低俗有害信息和沉迷网络游戏等问题，打击取缔一批违法违规的网站平台，查处曝光一批典型案例，督促企业严格落实主体责任，净化未成年人网络环境，加强未成年人网络安全教育，建立健全长效保护机制，形成家校社工作合力，为未成年人成长营造健康的网络环境。

2020 年 9 月 19 日，教育部等十一部门发布《关于促进在线教育健康发展的指导意见》，提出在线教育是运用互联网、人工智能等现代信息技术进行教与学互动的新型教育方式，是教育服务的重要组成部分。发展在线教育，有利于构建网络化、数字化、个性化、终身化的教育体系，有利于建设"人人皆学、处处能学、时时可学"的学习型社会。鼓励社会力量举办在线教育机构，开发在线教育资源，提供优质教育服务。

在线教育为保障疫情期间的"不间断学习"提供了有效手段和保障。从教育部和相关部委在疫情期间推出的多项保障在线教育的政策来看，走过了前期推动顺利实施在线教育、后期保障在线教育健康发展的历程。联合国教科文组织根据疫情期间在线教育所发挥的作用及其特点，将后疫情时代的在线教育看成是"教育的新常态"。从教育的实践领域来看，疫情前与疫情后的在线教育发生了翻天覆地的变化。疫情前的在线教育具有偶发性，并非是所有教育机构、学习者的必选。疫情后的在线教育则成为教育的一种主要形态和依托，教师、学生、管理者对在线教育不再陌生，更多地成为在线教育的践行者和受益者。后疫情时代让中国和全球的互联网学习走到了教育实践的前台。如今的互联网已经开始改变已有的教育组织体系，全新的育人空间正在生成，社会对互联网学习的认识产生了变化，并对本年度《中国互联网学习发展报告》的撰写提出了新的迫切要求。后疫情时代，融合在线教育、智能教育、终身教育正在形成新的发展趋势；重大科技创新正在引领社会产生新变革，知识获取方式和传授方式、教和学的关系正在发生深刻变革，更需要面向实践形成系统化的数据采集体系和地域特征的描绘，并在实践工作中加以引用和采信。

1.2 发展历程

秉承"中国互联网学习发展报告"已形成的时代价值与使命，教育部教育管理信息中心组织高等学校和地方教育部门专家调查研究，编写《中国互联网学习发展报告》，旨在对中国互联网现状及发展趋势进行分析、预测，以全面、系统、深刻地反映当下中国教育信息化发展进程，描述中国当下互联网学习实践全景。

发展报告项目于2014年正式开展，在过去的7年中，发展报告项目不断地发展，初步构建了分析互联网学习的基本框架，并利用多渠道、多维度互联网数据透视中国互联网学习的图景，鸟瞰"互联网＋"时代教育系统和互联网企业协同发展的动态进程，对中国本土化的互联网学习实践智慧进行深度挖掘与呈现，以中国互联网学习之发展引领我国教育现代化及终身学习型社会建构的实践进程。

(1) 2014年，《中国互联网学习白皮书》首次问世，基于百度行为大数据分析，进行了面向互联网学习市场的调查，对中国互联网学习的概况进行了全面分析。

(2) 2015年，《中国互联网学习白皮书》在2014年的基础上进一步精进，通观教育系统发展和基于互联网教育行为大数据透视的互联网学习发展进程，并以学前教育、基础教育、高等教育、教师教育为覆盖教育领域，形成了国内唯一一本涵盖体制内、外两方数据的中国互联网学习白皮书。

(3) 2016年，《中国互联网学习白皮书》对"互联网学习"概念进行了严密的定义和框架建构，形成了中国互联网学习表征的立体框架，并增加了白皮书的覆盖领域，包括职业教育、继续教育、企业大学等，确立了《中国互联网学习白皮书》引领我国教育信息化融合发展进程的基本格局。

(4) 2017年，《中国互联网学习白皮书》对"互联网学习"概念进行了优化和发展，形成了表征中国互联网学习发展水平的立体框架，对推动"互联网＋教育"的发展起到了关键性的引领作用。

(5) 2018年，《中国互联网学习白皮书》按照"1＋X"预期形态完成了相关工作，形成了面向领域的发展研究报告和简版白皮书，基本呈现了主要学段的互联网学习指数，案例质量和结构得到了提升，整个白皮书的写作质量得到了进一步提升。

(6) 2019年，《中国互联网学习白皮书》按照"1＋X＋N"的形态完成了相关工作，形成了各领域的互联网学习发展报告和简版白皮书，并且首次启动区域互联网学习发展报告(深圳市和青岛市)，首次采用互联网学习指数对互联网学习发展报告的数据进行了比较和分析。

(7) 2020年，《中国互联网学习发展报告》延续之前的编写体例，从2019年"1＋4＋2"体系升级为"1＋6＋4"体系(1册"发展报告"、6册"领域报告"和4册"区域报告")，围绕质量提升这一核心，着力体现在四方面的变化：一是关注疫情期间的互联网学习，突出客观性与引领性；二是指标体系建构进一步优化，加强理论模型的研究与问卷设计的完善；三是拓展发展报告研究领域，以专业化发展为基础，初步形成覆盖全学段的领域报告，吸纳更多的区域加入；四是拓展区域发展报告，分析典型区域的互联网学习情况，系统反映互联网学习新技术的最新进展与典型案例，提高发展报告的前瞻性和专业引领性。

1.3　项目设计

1.3.1　特征研究

“互联网学习”是为描述互联网进入教育教学系统而渐进带动学习方式变革实践所提出的发展性概念。互联网学习不是单纯意义上的网络学习、在线学习，而是网络支持基础上的泛在学习、普适学习和混合式学习的整合，是指学生在互联网构建的灵活时空中，利用数字化资源与工具开展学习活动，以实现知识、技能与态度等方面的发展。根据上述定义，任何整合互联网资源或工具的学习活动，都可以包含在互联网学习的范畴内，如利用互联网搜索信息解决问题、参与在线课程或混合式学习等。

这种契合学习者全面、自由和个性化发展的“互联网＋教育”新生态，体现了整个教育系统面向互联网迁移发展的进程，既面向所有学段，也更加面向全社会的终身学习。上述趋势实现了对传统教育的结构重组与流程再造，具体体现在以下四个方面。

（1）技术与教育的深度融合正在转换教育发展的动力结构。以云计算、大数据、人工智能等技术发展为面向学习者适应性、个性化学习环境的建构赋能，促进互联网教育运营模式不断变化，为遵循教育教学规律和人才成长规律的教育提供支撑手段，从而有助于建立具有时代内涵的人才观，长期困扰教育教学的规模化与个性化之间的矛盾将得以有效解决。

（2）教育评价方式得以不断创新。教育信息化评价开始从早期的信息化项目实施绩效评价的角度，向同步“互联网＋教育”发展中全社会聚力所带来的生态化方向迁移，由此带来更加智能化、个性化的教与学环境，将为学生提供更加个性化、定制化的学习路径。

（3）伴随教育信息化迈向互联网发展的进程，信息技术的应用越来越表现出对“过程性学习支持”的特征：学习者获取信息的方式和渠道发生深刻的变革，多维及时信息反馈越来越有效支撑教育改革进程中“变教为学”的实践诉求；“精准”学情分析、“精细”教学设计以及针对性的改进能够发挥重要作用；反映在全社会终身学习发展上，互联网学习日益普适化、泛在化地存在于人们的网络应用行为中。

（4）互联网学习能力成为一种品质。互联网学习更依赖于学生的自主性，在线学习意愿与动机成为学生获得良好学习效果的关键。未来的教学场景中，技术将可以承担更多知识传授方面的工作，使学习者的技能、方式、习惯、意识等发生根本性的变化。自主学习、非正式学习逐渐成为互联网发展下的全社会学习文化特征，新型育人模式和教育治理模式将加速形成。

1.3.2　分析模型

随着互联网学习成为一种必然的趋势，如何有效地推进互联网学习的发展，让互联网学习的优势在当前的教育体系中得到真正发挥，成为摆在决策者、实践者和研究者面前的重要问题。为此，有必要探求理解互联网学习的系统框架，为全面呈现互联网学习发展现状，准确评估互联网学习实践效果，以及基于问题诊断有效推进互联网学习的后续实践提供支撑。

基于上述观点，研究团队在整合国内外有关教育信息化、数字化学习、在线学习、数字素养等多个领域的文献和比较教育系统内部多类互联网学习案例的基础上构建了互联网学习 CASE 模型。该模型包含能力（competence）、应用（application）、支持（support）、环境（environment）四个要素。其中，能力（C）是指学生与教师有效应用互联网开展学习和教学活动所需的能力，应用（A）是指互联网在教学与学习活动中的应用，支持（S）是学生在互联网学习中获得的内容与资源支持以及教师在互联网教学中获得的专业发展支持，环境（E）则是指支撑学习者进行互联网学习的外部环境，包括虚拟环境（平台与系统）、物理环境以及相关政策环境。四要素之间的关系如图 2-1 所示。

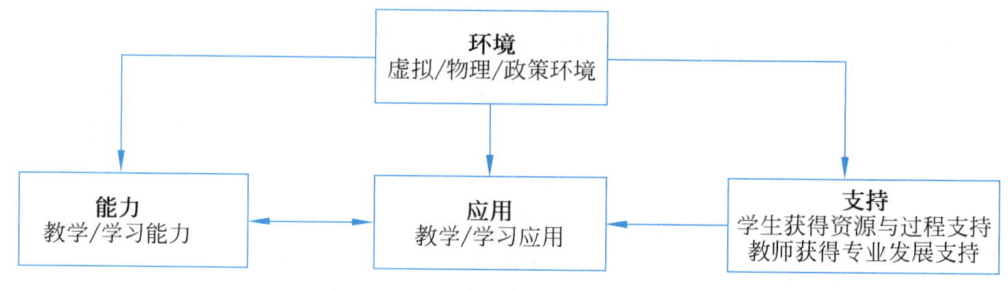

图 2-1　互联网学习 CASE 模型

根据图 2-1 所示，位于模型中心的应用是互联网学习最为核心的环节，会受到能力、环境以及支持的综合影响。同时，能力与应用之间存在双向作用关系，能力在促进应用的同时，也在有效应用中得到提升。此外，来自外部的支持也会促进能力的提升。最后，学生与教师在互联网学习中获得的支持会受到环境的影响。

CASE 模型能够从以下四个方面为理解与推进互联网学习实践提供支持。第一，模型将应用作为核心，明确了互联网学习的观察对象与行动焦点。第二，将应用作为要素提出，也考虑到互联网学习作为技术支持下的学习形式具有动态发展的特性，使得技术环境的改变通过应用形式的改变得到反映，模型的灵活性也因此增加。第三，模型的各个环节与特定行动主体相关联，突出了利益相关方及各自扮演的角色。第四，纳入模型的四类要素为发现互联网学习实践中存在的问题与寻求实践改进线索提供了切入点。

互联网学习 CASE 模型为实现互联网学习全景概览提供了支撑。来自不同教育领域的研究团队根据 CASE 模型分别开发了适用于各自领域的互联网学习指标体系，并基于指标体系以问卷、文献、案例等方式采集相关数据，从能力、应用、环境和支持四个维度对各领域互联网学习发展情况进行了描述与分析，系统呈现了 2020 年互联网学习的最新进展。

能力维度（C）聚焦于互联网学习情境下，学生有效利用互联网学习资源与工具的能力，以及教师在互联网学习情境下有效开展教学的能力。研究根据学生与教师自我报告的结果，一方面描述学生与教师在互联网学习情境下呈现出的能力水平与特征；另一方面识别学生与教师在各类能力方面呈现出的问题，并从多个角度推测问题出现的原因，为针对性的提升能力提供了线索与建议。

应用维度(A)聚焦于学生与教师在线上混合式学习、同步在线教学、MOOC等各类互联网教学与应用情境下的动机、行为、效果与体验特征，以及互联网教学与学习应用面临的问题与挑战。从学生视角出发，相关问题包括学生参与互联网学习的动机是什么？利用互联网主要开展哪些类型的学习活动？在互联网学习中投入多少时间？取得了怎样的效果？获得了怎样的体验？还面临着哪些挑战等。从教师视角出发，相关问题包括教师开展互联网教学的意愿如何？驱使教师开展互联网教学的动机是什么？教师如何开展互联网教学？教师如何评价互联网教学效果？教师在开展互联网教学中遇到了哪些问题等。

支持维度(S)直接反映了学生与教师在互联网学习环境下获得的支持情况。针对学生的支持聚焦于资源与过程支持，典型的过程支持如方法与策略支持、评价与反馈支持、动机与情感支持等；针对教师的支持聚焦于专业发展支持。当教师从传统教学转向互联网教学，又或是教师进一步探索与创新互联网教学形式时，相关专业发展支持必不可少。

环境维度(E)围绕互联网学习在实践中的核心应用场景，考察了支撑上述应用所必需的虚拟环境、物理环境和政策环境。虚拟环境主要是指各类互联网学习平台与系统。这些平台与系统为互联网学习构建了必要的线上学习空间。物理环境主要是指互联网学习所需要的基础设施，包括互联网学习场所、网络接入、硬件设备等。政策环境则反映了学校管理者有关互联网学习发展的观点、态度与愿景，决定了互联网学习发展相关的顶层设计与行动走向。

以上从能力、应用、支持与环境四个维度简要描述了互联网学习发展的整体轮廓。各教育领域调查报告在呈现以上四个维度的同时，又结合领域自身特征与关注重点对维度呈现方式做了多种处理。考虑到互联网学习是教育信息化的一种应用形态，教育信息化相关的背景信息也被纳入互联网学习全景概览中作为补充。

1.3.3 指数分析

互联网学习指数是对互联网学习发展特征的量化描述，为实现互联网学习发展在不同地区、年度以及群体之间的比较创造了条件。来自各教育领域的调查团队从前期构建的互联网学习指标体系中选取部分指标用于生成互联网学习指数。用于生成指数的特定指标需要满足以下两类条件：一是能够突出呈现互联网学习特征的核心指标；二是能够反映量化程度的发展性指标。同时，用于生成指数的指标数据基本来源于调查问卷，包括学生、教师和管理者问卷(部分领域只包括学生和教师问卷)，这也使得互联网学习指数能够在整合多重视角的基础上较为客观地反映互联网学习的发展情况。

根据指标理论框架，确定各指数对应维度下的指标题项。若属于量表题，将指标题项标准差求和后平均，从5分制转化为百分制，即可获得个体的分数，将所有个体分数求平均后即可获得整体的指数。若属于非量表题，则需要进行转化。例如，多选题转化需要根据题目选项赋值、求和、转化为5分制(区间在1～5)。定序类单选题根据序列赋值，同样与量表保持一致转化为 5 分制。缺失值通过样本分布形态采用平均值或者中位数补充，或通过计算函数求取。

需要说明的是，互联网学习指数基于指标体系生成，当指标体系存在差异时，指数之间的比较并没有太大意义。这意味着在比较不同教育领域之间的互联网学习指数时，需要考虑其背后所遵循的互联网学习指标体系的差异。表面上相似的指数（如学生互联网学习应用指数）反映到各领域的实践中可能会对应不同类型的指标。因此，不同教育领域互联网学习指数的比较只有在指数对应指标相似的情况下才能实现。

与互联网学习全景概览相比，互联网学习指数更加直观地呈现了互联网学习发展的态势，并为开展比较分析与关系分析建立了基础。但与此同时，互联网学习指数只有放到全景概览提供的背景信息中才能够得到更加全面的理解。由此，本次报告采取的互联网学习全景概览与指数分析两类方式能够在互为补充的基础上做到既全面又直观地呈现 2020 年互联网学习的整体特征与发展态势。

1.4 内容与体系

本册报告共分为 10 章，其中第 1 章是绪论，主要介绍中国互联网学习的概况；第 2～8 章分别从年度特征、发展状况、问题与趋势等角度阐述学前教育、基础教育、高等教育、职业教育、继续教育、教师教育和人工智能教育 7 个领域互联网学习的发展，第 9 章阐释了全域视角的互联网学习整体状态，并对互联网学习的全域发展进行总结和分析；第 10 章系统概括了年度互联网学习的关键问题和发展趋势。

第2章　学前教育领域互联网学习发展

2.1　年度特征

根据儿童身心发展特点，学龄前儿童的互联网学习通常是指儿童在成人的引导、陪伴或支持下依托互联网进行的学习活动。2020年，学前教育领域互联网学习主要呈现以下四个年度特征。

2.1.1　大规模启动在线家园共育

新冠肺炎疫情防控以来，各地幼儿园通过微信公众号、微信群、QQ群、音视频连线等方式，有效促进教师、家长的网上信息交流，为家长提供了居家生活的合理化建议、亲子活动的资源和指导，丰富了幼儿居家生活。

2.1.2　人工智能的应用日益广泛

语音交互、情绪识别等人工智能应用提供了满足个性需求的学习支撑，个性化学习从理想变成现实。

2.1.3　儿童可穿戴设备使无感采集数据成为可能

通过智能手环、手柄等设备无感采集数据，从安全监控、健康监测拓展到幼儿兴趣爱好、生活习惯、社交情商等各个方面，为每个幼儿个性化发展提供有效度量。

2.1.4　依托学前教育大数据，优化保教管理过程

教师持续收集幼儿学习过程及结果的关键信息，引导幼儿自主评价，以客观数据支持教师进行学情分析和精准指导，改进教与学的方式，建立幼儿电子成长档案，为幼儿综合素质评价提供支持。

2.2　发展状况

依据2020年互联网学习内涵再研究成果，对2019年学前教育互联网学习评价模型进行了优化设计，形成了CASE子模型，并从教师、家长视角形成学龄前儿童互联网学习

的测量工具[①]。其中，量表题均采用李克特五点量表，计分范围为 1～5 分（下同）。基于该工具收集家长视角有效数据 216615 份，教师视角有效数据 23686 份。数据分析的主要结果如下。

2.2.1 发展指数

学龄前儿童互联网学习发展指数整体处于一般到良好的水平。2020 年，学龄前儿童互联网学习发展水平综合指数为 3.33 分（满分为 5 分，下同）。学龄前儿童互联网学习发展水平综合指数的四个一级维度，即互联网学习能力、互联网学习应用、互联网学习支持和互联网学习开展的水平指数分别为 3.15 分、3.34 分、3.37 分和 3.43 分。与 2019 年相同，2020 年儿童互联网学习环境维度的重视程度最高，能较好地支撑幼儿互联网学习的应用。其中，2020 年教师和家长的互联网学习能力水平最低，分别为 3.23 分和 3.10 分，说明教师与家长为儿童提供了互联网学习环境支持，但是疫情期间现实需求和实际应用能力之间存在的落差显露出来，因此未来在互联网学习能力方面有较大的发展空间。

学龄前儿童互联网学习的规范引导依然受到了更多的重视，儿童在家学习的效果比在园的效果更好。教师与家长的“法的环境”指数最高，分别为 3.73 分和 3.66 分，说明疫情期间幼儿园和家庭都很重视儿童互联网学习的规范性，幼儿园政策规范的颁布以及家长对儿童的约束管理对儿童的互联网学习产生了影响。与 2019 年相同，教师与家长的“工具应用能力”水平最低，分别为 2.84 分和 2.76 分，说明儿童在疫情期间花费更多的时间了解和使用软件工具，儿童工具应用能力的缺陷真正地展示出来。同时家长有更多的时间观察了解儿童，从而发现儿童工具应用能力的不足。值得注意的是，儿童在园“工具应用能力”比在家高，但在“学什么”和“学习效果”方面，儿童在家比在园学习水平高，说明疫情期间家长作为最了解自己孩子的人，“私人订制”对儿童影响更深。同时，教师和家长判断标准的不一致可能会成为产生差异的原因。

进一步对不同年龄段、不同受教育程度、不同地区教师与家长视角下的学龄前儿童互联网学习发展水平指数分析发现以下几点。

（1）不同年龄段的儿童在互联网学习发展四大指数上呈现显著差异，整体趋势呈现，儿童的年龄越大，互联网学习发展水平越高。不同年龄的家长和教师在以 25～35 周岁年龄为界，25 岁以下年龄越小对儿童的互联网学习发展影响越小，35 岁以上年龄越大对幼儿的互联网学习发展影响越小。

（2）不同受教育程度的教师仅在互联网学习能力和支持两大维度上呈现显著性差

① 家长视角下的学龄前儿童互联网学习测量工具包括互联网学习能力分量表、互联网学习应用分量表、互联网学习支持分量表、互联网学习环境分量表以及 31 道调查类题目。其中，学习能力分量表包括操控能力、学习动机、任务意识、自我效能感 4 个因子；学习应用分量表包括学习内容、学习方式、学习终端、学习时长频次、问题解决与非正式学习、深度学习 6 个因子；学习支持和环境分量表包括家长态度、家园共育、家庭接入性、网络资源、个性化与适应性、家长要求 6 个因子。教师视角下的学龄前儿童互联网学习测量工具包括互联网学习能力分量表、互联网学习应用分量表、互联网学习支持分量表、互联网学习环境分量表以及 31 道调查类题目。其中，学习能力分量表包括操控能力、学习动机、任务意识、自我效能感 4 个因子；学习应用分量表包括学习内容、学习方式、学习终端、学习时长频次、问题解决与非正式学习、深度学习 6 个因子；学习支持和环境分量表包含教师态度、家园共育、家庭接入性、网络资源、个性化与适应性、教师要求 6 个因子。

异，其中教师学历越高，儿童在园互联网学习能力越高。但是，家长受教育程度在互联网学习发展四大指数上均呈现显著差异。整体趋势呈现，家长学历越高，儿童在家互联网学习发展水平越高。

(3) 不同地区学龄前儿童互联网学习发展水平差异显著。东部地区在全国范围内水平较高，城镇学龄前儿童互联网学习发展水平差异显著，整体趋势呈现，地区越发达，儿童互联网学习水平就越高。

(4) 教师与家长视角下的学龄前儿童互联网学习发展水平综合指数分别为 3.39 分和 3.29 分，提示学龄前儿童在园互联网学习整体水平高于在家水平。进一步分析发现，儿童在园或在家互联网学习环境上差异较小，但在互联网学习支持、应用和能力方面上差异显著。

2.2.2　互联网学习能力特征

1. 工具应用

数据显示，2019 年、2020 年儿童在园互联网学习工具应用能力分别为 3.07 分、2.84 分，在家分别为 3.09 分、2.76 分。可见，与 2019 年相比，儿童在园、在家工具应用能力均有所降低。59.57％的教师认为班级儿童能熟练使用智能手机，66.03％的家长认为孩子能熟练使用智能手机，表明智能手机是儿童最能熟练使用的电子设备。36.60％的教师和 24.81％的家长认为互联网学习对孩子最主要的帮助是促进了儿童“精细动作（如手指操作灵活性等）”的发展。

2. 自我调控

2020 年，儿童在园、在家互联网学习自我调控水平指数分别为 3.26 分、3.17 分，儿童在园互联网学习自我调控水平高于在家，但与 2019 年相比均呈下降趋势。仅三成左右的儿童在互联网学习时能完成预定的任务要求，数据显示，35.00％的教师、31.35％的家长反馈孩子在互联网学习时能完成预定的任务要求。进一步分析发现，儿童互联网学习自主调控能力水平呈现出低龄和高龄幼儿自主调控能力强，中间年龄段的儿童自主调控能力弱的现象。

3. 问题解决

数据显示，55.21％的教师、30.93％的家长反馈，相较于其他方式，孩子经常通过互联网方式解决问题，表明相当一部分的孩子已经有意识、有能力通过互联网查询解决遇到的问题。数据显示，51.87％的孩子能够将从互联网上学习到的知识应用于日常生活中。47.95％的教师、36.62％的家长反馈互联网学习对孩子的学习与发展有很大帮助。进一步分析发现，儿童互联网学习效果呈现出随年龄增长逐步提高的趋势。

2.2.3　互联网学习应用特征

1. 学习内容

疫情打乱了正常的一日活动，2020 年儿童在园互联网主题学习机会有所减少，但学习内容比较均衡，儿童在园利用互联网进行“艺术”学习的比例最大。家长认为语言类仍是儿童互联网学习的主要内容，仍然比较关注孩子的入学知识准备，但运动类、生活类等游戏资源应用有较大比例的提升。图片、视频是儿童互联网学习资源的主要形式，比较符合儿童的年龄特点。另外，儿童不仅能在互联网学习中学习语言类、运动类等各种知识，还能提升问题解决技能和人际沟通技能等。

2. 学习方式

多数儿童的互联网学习有成人陪伴与指导，教师陪伴引导的比例略有下滑，家长陪伴比例基本稳定。儿童互联网学习场景持续稳定，多发生在“学习”“来离园”“游戏”等场景的集体活动中，说明信息技术主要还是教师集体教学的工具。另外，大部分教师在疫情期间采用网络平台向儿童和家长提供在线学习和指导，并以“居家生活与学习指导”“在线教学与互动”“学习资源推送”为主要方式。大部分家长认为在线学习“帮助大，负担轻”，另有部分家长认为存在一定的负担。

3. 学习时空

儿童互联网学习“碎片化学习”特征比较明显，互联网学习较为频繁，大部分儿童在园每周会进行2～5次甚至更多的互联网学习。儿童在园互联网学习时长比较合理，每次大多能够控制在20分钟以内。与往年相比，儿童在家单次学习时长有改观但仍然偏长，单次互联网学习时长控制在20分钟以内的只占52.57%。疫情期间教师提供了较为频繁的在线学习机会，但家长的感受与教师的看法有一定差异。

2.2.4 互联网学习支持特征

1. 观念指导

儿童互联网学习的赞同度下降。43.16%的教师、33.48%的家长赞同儿童互联网学习，21.26%的家长和30.59%的教师经常让孩子进行互联网学习。互联网学习赞同度与儿童年龄段、所在幼儿园办学性质和级别，以及家长、教师的年龄段、受教育程度显著相关。近年来，儿童、青少年近视防控上升为国家战略，疫情期间儿童居家学习生活，视力下降的风险增加，家长、教师担忧加剧，77.74%的家长和72.68%的教师认为“互联网学习会危害孩子的视力”，应从幼儿园阶段开始防控近视。

在“互联网＋家园”共育方面，41.69%的家长赞同幼儿园利用互联网开展家园共育，54.23%的教师经常利用互联网开展家园共育，与2019年相比降幅明显，分别减少了19.89%、11.10%。家长赞同幼儿园利用互联网开展家园共育的首要原因是“更加直观，可通过图片、视频等多种形式交换信息”，不赞同的首要原因是“要时时关注，太麻烦，没时间”，8.29%、6.42%的家长反馈不赞同利用互联网开展家园共育的原因是“家里没网络”“不会上网”，这说明家园共育要避免技术带来的不公平，做到“一个都不能少”。对于家园交流的主要内容，家长首先希望看到的是“孩子在园活动照片和视频”，占比为51.95%，比教师多13.34%；教师首先希望沟通的是“各类通知或活动要求”，占比为48.29%，比家长多18.98%；家长对“家庭教育指导”等内容的需求与教师相比更高一些，这说明家园交流的内容需求有差异，应进一步重视家庭教育指导。微信群是幼儿园与家长之间进行家园交流的常用平台，其次为QQ群、幼儿园网站。

2. 资源支持

“符合孩子的年龄特点，具有发展适宜性”是家长、教师给孩子选择互联网学习资源时首要考虑的因素，占比分别为 68.47%、76.91%。互联网学习资源较为丰富，69.46%的教师和 58.06%的家长反馈总能在网上找到适合孩子开展互联网学习的网络资源。为做好疫情防控期间幼儿保教工作，各地纷纷开展在线居家生活指导，为各级各类幼儿园提供适切的在线学习资源。儿童互联网学习网络平台服务相对缺乏，互联网学习应用软件未能满足多元化需求。仅有 43.79%的教师和 39.75%的家长反馈总能在网上找到支持孩子开展互联网学习的网络平台或服务。

2.2.5　互联网学习环境特征

1. 网络设备

深层次的互联网学习应用让家长对网络环境提出了更高需求。从 2020 年的调研结果来看，家长对家庭网络条件的满意度急剧下降，从 2019 年的 42.83%下降到了 11.24%，下滑了 31.59%，认为一般和不满意的人数明显增加，分别增加了 29.05%和 5.27%。疫情期间，幼儿园教育方式更多转向利用互联网开展家园共育，使得家长陪伴儿童参与互联网学习的频度和深度都明显提升。而家长在儿童互联网学习的资源的选择上也更倾向于视频，因此家庭对网络速度的需求也更高。

幼儿园互联网学习设备逐步开始多元化，但是配备仍然不足。根据“幼儿园已经至少配备一套 AR/VR 教学设备调查情况”的调查结果显示，13.37%的教师表示完全符合，28.62%的教师表示符合。更加多元化的互联网学习设备开始进入幼儿园。对于“园内移动设备配置满足幼儿开展个性化在线学习需要”的调查结果表明，13.40%的教师表示完全符合，32.48%的教师表示符合，对比 2019 年出现明显下降。同样，在对于“班级里有适合开展幼儿互联网学习的教学工具(例如平板电脑、学习机)”的调查结果显示，仍有近 1/3 的教师认为班级里没有适合儿童开展互联网学习的教学工具，表明目前幼儿园配置的设备无法满足儿童个性化在线学习要求。

2. 规则要求

教师和家长仍然注重规划儿童的互联网学习，但总体关注度有所下降。分析家长和教师在对儿童学习时间、学习内容和学习任务等问题上的差异可以发现，家长在限定儿童学习时间上比教师更严格，教师在设定任务要求时比家长要求更高。但是与 2019 年的数据相比，无论是教师还是家长，在对儿童学习时间、学习内容、学习任务的限定上都有不同程度的下降。

幼儿园的教育和引导更能促进儿童适应互联网学习。对“促进孩子更好地适应互联网学习的主要因素”的调查结果表明，被调查的学龄前儿童家长和幼儿园教师均认为“幼儿园的教育和引导”是促进儿童更好地适应互联网学习的主要因素，且比 2019 年有较大提升。

2.3　问题与趋势

学龄前儿童互联网学习发展仍然存在诸多问题，如城乡差异大、区域不均衡，存在较大的“数字鸿沟”，教师、家长的信息素养和应用能力不足，缺乏适合学龄前儿童的互联网学习专用设备，不同地区儿童互联网学习能力发展不均衡，在家单次互联网学习时长偏长等。疫情倒逼互联网学习平台的发展与儿童互联网学习的开展，未来随着新基建进程加快，互联网学习将获得快速发展，在线家园共育将成为新常态，儿童互联网学习资源、服务、应用软件将获得发展新机遇。与此同时，提升教师和家长的信息素养，加强以儿童发展为本理念的引导，帮助教师、家长在学龄前儿童互联网学习中发挥更大的作用，依然是未来工作的重要挑战。

第3章　基础教育领域互联网学习发展

3.1　年度概况

2020年，世界多国暴发新冠肺炎疫情，根据联合国教科文组织（UNESCO）的相关数据显示，截至2020年4月28日，新冠肺炎疫情在全球的蔓延已造成186个国家在全国范围内关闭学校，全球超过12.9亿的学生因此受到影响，占全球学生总数的73.8%。为保障疫情期间教育工作的顺利开展，UNESCO及世界多国纷纷制订了利用互联网开展在线教学的相关计划。为防止新冠肺炎疫情大范围扩展，我国同样发布了延期开学的通知，并制定了具体工作指导方案，同时整合多方资源，开通国家中小学网络云平台和中国教育电视台空中课堂，为全国1.8亿中小学在线学习提供支持服务①，疫情防控期间“停课不停学”行动构成了2020年基础教育领域互联网学习的最大试验场。除此之外，互联网学习的发展也获得了政策层面的大力支持，《教育信息化2.0行动计划》②《中国教育现代化2035》③等文件明确肯定了互联网学习的价值，“互联网+教育”成为近年来教育信息化发展的主要阵地，基础教育领域的互联网学习发展迎来了新的发展机遇。互联网学习在实践和政策层面的快速发展也引发了研究领域的广泛关注，尤其是新冠肺炎疫情对传统教育的冲击，使得互联网学习与教学实践成为本年度教育信息化研究领域的热点议题。在这样的背景下，全面了解基础教育领域互联网学习的发展情况，理解疫情防控期间在线教学的开展情况，并总结互联网学习发展中凸显的关键问题和未来发展趋势，更加利于管理者、一线教师从整体上理解并把握基础教育领域互联网学习，为实现“互联网+教育”背景下基础教育领域教与学方式重构贡献力量。

---

①　黄荣怀，张慕华，沈阳，田阳，曾海军.超大规模互联网教育组织的核心要素研究——在线教育有效支撑“停课不停学”案例分析[J].电化教育研究，2020，41(3)：10-19.

②　教育部.关于印发《教育信息化2.0行动计划》的通知[EB/OL].http：//www.moe.gov.cn/srcsite/A16/s3342/201804/t20180425_334188.htm，2018-04-18/2021-02-26.

③　中共中央，国务院.印发《中国教育现代化2035》[EB/OL].http：//www.moe.gov.cn/jyb_xwfb/s6052/moe_838/201902/t20190223_370857.html，2019-02-232021-02-26.

3.2 年度特征

3.2.1 停课不停学

新冠肺炎疫情的暴发，使得多国教育受到影响，我国在疫情早期就采取了相关行动。为防止新冠肺炎疫情大范围扩展，2020年1月21日，教育部发布《关于2020年春季学期延期开学的通知》[①]，要求部属高校、地方所属院校、中小学校、幼儿园全面推迟2020年春季开学时间。为确保延迟开学期间正常开展教学活动，国家层面先后出台了《关于疫情防控期间以信息化支持教育教学工作的通知》[②]《关于中小学延期开学期间"停课不停学"有关工作安排的通知》[③]《关于做好2020年春季学期中小学教育教学工作的通知》[④]等重要文件，正式确立了互联网学习在疫情防控期间的重要作用，"停课不停学"成为2020年基础教育领域互联网学习发展的年度关键词。

在国家整体规划指导下，各地教育行政部门纷纷响应，迅速推出线上学习指导意见及实施方案。2020年2月14日，北京市教育委员会发布《关于疫情防控期间以信息化支持教育教学工作的通知》[⑤]，全面部署疫情防控期间"停课不停学"工作；2020年3月2日起，上海面向全市143.5万中小学生全面开展在线教学[⑥]；2020年2月6日，浙江省出台《关于防控疫情延迟开学期间在全省中小学全面实施线上教育教学工作指导意见》[⑦]；2020年2月10日起，武汉市各中小学全面开展在线课程教学[⑧]。此外，教育信息化相关公司也纷纷响应，根据在线教育第三方媒体芥末堆的统计，截至2020年2月11日，已经有超过130家在线教育公司，向武汉或全国提供各类在线教育资源、工具、平台、服务等。"停课不停学"行动的开展对互联网学习而言既是发展机遇，更是一次重大挑战。经过这一重大实践，互联网学习在基础教育领域得到了更多的关注与探索，实现了"跨越式"发展。

---

① 教育部.关于2020年春季学期延期开学的通知[EB/OL].http://www.moe.gov.cn/jyb_xwfb/gzdt_gzdt/s5987/202001/t20200127_416672.html,2020-01-27/2021-03-06.

② 教育部.教育部印发《关于疫情防控期间以信息化支持教育教学工作的通知》[EB/OL].http://www.moe.gov.cn/srcsite/A16/s3342/202002/t20200214_421005.html, 2020-02-06/2021-03-06.

③ 教育部.教育部办公厅、工业和信息化部办公厅发布《关于中小学延期开学期间"停课不停学"有关工作安排的通知》[EB/OL].http://www.moe.gov.cn/srcsite/A06/s3321/202002/t20200212_420435.html, 2020-02-12/2021-03-06.

④ 教育部.教育部办公厅发布《关于做好2020年春季学期中小学教育教学工作的通知》[EB/OL]. http://www.moe.gov.cn/srcsite/A06/s3321/202003 /t20200323_433672.html, 2020-03-19/2021-03-06.

⑤ 北京市教育委员会.《关于疫情防控期间以信息化支持教育教学工作的通知》[EB/OL].http://jw.beijing.gov.cn/jyzx/ztzl/yq_2020/yq_sdjy/202002/t20200217_1646931.html, 2020-02-17/2021-03-06.

⑥ 上海市教育局.本市大中小学3月起开展在线教育[EB/OL]. http://edu.sh.gov.cn/xxgk_ztlm_rdhy/20201114/72cde9b508ad44f986ceef34494b86bb.html, 2020-02-18/2021-03-06.

⑦ 浙江省教育厅.关于防控疫情延迟开学期间在全省中小学全面实施线上教育教学工作的指导意见[EB/OL]. http://www.zj.gov.cn/art/2020/2/6/art_1551736_41883923.html, 2020-02-06/2021-03-06.

⑧ 武汉市政府.武汉市中小学在抗击新型冠状病毒感染的肺炎疫情期间开展在线教学实施方案[EB/OL].http://www.wuhan.gov.cn/zwgk/tzgg/202003/t20200316_972468.shtml, 2020-01-28/2021-03-07.

3.3.2 后疫情时代互联网学习新常态

此次新冠肺炎疫情波及全球多个国家与地区，对世界各国的基础教育造成了重大影响。为应对疫情而开展的“停课不停学”行动，也让更多人看到了互联网学习具有的优势与潜力，并由此引发了一线教师、管理者对后疫情时代互联网学习的发展，以及对互联网学习如何促进教与学方式转变的思考。

后疫情时代，互联网学习如何发展，成为当前基础教育领域重点考虑的问题。2020年5月14日，在教育部召开的介绍疫情期间大中小学在线教育的有关情况新闻发布会上，教育部基础教育司司长吕玉刚表示，“要巩固深化这次线上教育的教学成果，下一步进入常态化了，学校正常开学以后，不能把这次疫情期间线上教学的成果丢掉，要进一步保护好、发挥好教师运用信息技术开展教育教学的积极性。”[①]。2020年8月3日，教育部科技司司长雷朝滋在接受采访时表示，“疫情过后我们再也不可能、也不应该退回到疫情发生之前的教与学状态，要切实推进混合教学、在线教学常态化，以此促进真正意义上的因材施教、个性化发展。”[②]。华东师范大学基础教育改革与发展研究所所长、华东师范大学“生命·实践”教育学研究所所长李政涛表示，基础教育的后疫情时代，是“双线混融教学”的新时代[③]。从以上表述中可以发现，后疫情时代互联网学习新常态一词已经成为基础教育领域互联网学习发展的共识，互联网学习将在基础教育领域发挥更大价值和作用。

3.2.3 “互联网+教研”

2015年以来，“互联网＋”理念席卷社会各领域，“互联网＋教研”在发展中不断得到关注，成为我国教师教育研究的新热点。同时，《关于开展人工智能助推教师队伍建设行动试点工作的通知》《关于实施卓越教师培养计划2.0的意见》《教育部关于实施全国中小学教师信息技术应用能力提升工程2.0的意见》等系列文件，强调利用互联网技术推动教研新发展[④]，高校研究人员、一线教师也开展了诸多“互联网＋教研”的相关探索。

新冠肺炎疫情的暴发使得“互联网＋教研”进入快速发展期，“居家隔离”措施使得传统教研方式无法实现，为保障教学活动的顺利开展，各地纷纷制定相关的解决措施，2020年2月3日，河南省教育厅发布《关于做好新型冠状病毒感染肺炎疫情防控期间教师培训相关工作的通知》，建议各级各类中小学充分利用网络学习平台和网络课程资源，有效组织本地、本校教师进行网络研修和自主学习[⑤]。2020年3月9日，安徽省淮南市教育体育局发布《关于做好疫情防控期间中小学教师培训工作的通知》，要求开展线上专题培训、加强

---

① 国务院新闻办公室.教育部举行疫情期间大中小学在线教育情况和下一步工作考虑发布会[EB/OL]. http://www.scio.gov.cn/xwfbh/gbwxwfbh/xwfbh/jyb/document/1679176/1679176.htm，2020-05-14/2021-02-26.

② 教育部.一场史无前例的社会实践——专访教育部科技司司长雷朝滋[EB/OL].http：//www.moe.gov.cn/jyb_xwfb/s5147/202008/t20200803_476456.html，2020-08-03/2021-02-26.

③ 李政涛.基础教育的后疫情时代，是“双线混融教学”的新时代[J].中国教育学刊，2020(5)：5.

④ 胡小勇，徐欢云.“互联网＋教研”形态研究：内涵、特征与趋势[J].电化教育研究，2020，41(2)：10-16，31.

⑤ 河南省教育厅. 关于做好新型冠状病毒感染肺炎疫情防控期间教师培训相关工作的通知[EB/OL]. http：//www.hateacher.cn/content.html? id＝388，2020-02-03/2021-03-08.

线上教学能力培训、开展“线上课例研究”校本研修①。在相关政策、实施规划的指导下，基于互联网的在线教研得以快速推进，并形成了跨地区、跨学校、跨学科的多种教研组织形式，“互联网+教研”成为基础教育领域互联网学习发展的年度关键词。

3.2.4 互联网教与学实践共同体

大规模在线教学的实施，不仅对教师是一次巨大挑战，对管理者、家长、学生同样是一次巨大挑战。“停课不停学”行动的顺利实施离不开管理者、教师、家长、学生等多方的配合，政府、企业、科研单位在此过程中同样发挥了重要作用，构建互联网教与学实践共同体成为2020年基础教育互联网学习发展的关键特征。

大规模在线课程实施过程中，逐渐探索出多方协同开展互联网学习的路径，在各方责任体中，教师负责课程的设计与实施；学生负责开展互联网学习，完成学习任务；在教师与学生相对分离的状态下，家长承担起了部分监督与指导的任务，同时需要与教师交流学生的学习情况；而教育管理者需要负责互联网学习的整体规划、组织与监督。除此之外，互联网学习基础设施、网络环境以及政策引导等方面的需求，离不开教育管理部门的支持、监督与指导，在这个过程中，也需要科研单位和企业参与其中，科研单位为互联网学习发展提供理论支撑，企业为互联网学习发展提供技术支撑。构建互联网教与学实践共同体成为基础教育领域互联网学习发展的共识，同时也成为各地区未来一段时间内互联网学习发展的主要目标。

3.3 发展指数分析

为了系统地呈现基础教育领域互联网学习发展现状，2020年基础教育互联网学习调查基于“互联网学习CASE模型”，面向学生、教师、管理者全面展开。该模型将互联网学习划分为能力（competence）、应用（application）、支持（support）与环境（environment）四个维度，由此构建了包括学生互联网学习综合指数、教师互联网教学综合指数的2020年基础教育领域互联网学习指数，其中学生互联网学习综合指数由学习能力指数、学习应用指数、资源与过程支持指数、学习环境指数四个专项指数计算获得，教师互联网教学综合指数由教学能力指数、教学应用指数、专业发展支持指数、教学环境指数四个专项指数计算获得。

以基础教育互联网学习指标体系为理论支撑，设计开发了基础教育互联网学习学生问卷、教师问卷，所涉及题项包括受调查对象的背景信息题项、指标体系所对应题项以及疫情期间互联网学习、教学开展相关题项。在现有基础教育互联网学习指标体系的基础上，结合前期相关研究以及实际分析需求，设计开发了管理者问卷，所涉及题项包括受调查对象的背景信息题项、部分指标体系映射题项、没有在指标体系内同样较为重要的题项以及疫情期间教学管理开展情况。问卷依托问卷星平台，面向中国基础教育领域的学生、

① 安徽省淮南市教育体育局．关于做好疫情防控期间中小学教师培训工作的通知[EB/OL]. http://sjtj.huainan.gov.cn/xwzx/tzgg/551515679.html，2020-02-28/2021-03-08.

教师、管理者发放，发放时间为 2020 年 11 月 10 日—12 月 20 日。问卷发放完成后，对相关指数进行计算，各专项指数由二级指标下所有三级指标对应的题项得分求平均值计算获得，综合指数由各专项指数求平均值计算获得，各专项指标及综合指标均采用5 分制。

3.4　学生互联网学习发展情况

3.4.1　受调查学生背景特征

经数据清洗后，共得到有效学生问卷 264084 份。本次调查共收集到来自全国 31 个省级行政区(不包含港澳台地区)的学生问卷，在所回收的问卷中有 50.63%来自东部地区，38.62%来自东北地区，10.70%来自西部地区，0.05%来自中部地区。在学生所在区域类型分布上，52.75%来自市区学校，37.05%来自乡镇学校，10.20%来自农村学校。在性别分布上，男生占比 50.75%，女生占比 49.25%。在学生所在学段分布上，62.31%的学生来自小学阶段，27.60%的学生来自初中学段，10.09%的学生来自高中学段。

3.4.2　学生互联网学习年度指数

学生互联网学习综合指数平均值为 3.98 分，达到了“较好”水平，各专项指数及其细项发展情况如表 3-1 所示。

表 3-1　学生互联网学习指数细项得分情况

指数维度	指数细项	平均值	标准差
学习能力	自我调控能力	4.05	0.90
	设备与软件操作能力	3.98	0.96
	信息收集与处理能力	3.81	0.92
	社会交流与合作能力	3.92	0.86
	伦理规范意识	4.19	0.83
	安全防范意识	4.40	0.82
学习应用	互联网学习应用场景	4.02	0.85
	互联网学习动机与期望	3.80	0.96
	互联网学习效果与挑战	4.04	0.87
	互联网学习态度与体验	4.04	0.87
资源与过程支持	内容与资源支持	3.97	0.91
	评价与反馈支持	4.03	0.91
	策略与方法支持	4.08	0.86
	动机与情感支持	3.92	0.92

续表

指数维度	指数细项	平均值	标准差
学习环境	网络环境	3.80	1.00
	终端设备	3.76	1.03
	平台与系统	3.71	1.08

综合比较互联网学习各专项指数及其各细项指数可以发现，学习环境专项指数下各细项的发展程度相较于其他专项指数的细项发展程度均处于相对落后的状态。同时，在学习能力专项指数中需重点专注信息收集与处理能力、社会交流与合作能力发展情况，在学习应用专项指数中需重点关注互联网学习动机与期望发展情况，在资源与过程支持专项指数中需重点关注动机与情感支持发展情况。

3.4.3 学生互联网学习指数分析

1. 不同性别学生互联网学习指数比较

根据独立样本检验显示，不同性别学生互联网学习各专项指数上均存在显著性差异（$T=-3.550, P<0.001; T=4.232, P<0.001; T=4.024, P<0.001; T=18.402, P<0.001$）。在学生互联网学习能力指数上，女生指数显著高于男生指数。在学生互联网学习应用、互联网学习资源与过程支持、学生互联网学习环境等指数上，男生指数显著高于女生指数。

2. 不同区域类别学生互联网学习指数比较

根据方差分析结果显示，不同区域类别学生互联网学习各专项指数上均存在显著性差异（$F=26.282, P<0.001; F=20.107, P<0.001; F=26.621, P<0.001; F=21.298, P<0.001$）。同时在各指数上，均呈现出市区学校显著高于乡镇学校、农村学校，乡镇学校显著高于农村学校的趋势。

3. 不同学段学生互联网学习指数比较

根据方差分析结果显示，不同学段在互联网学习各指数上均存在显著性差异（$F=20.213, P<0.001; F=16.291, P<0.001; F=8.615, P<0.001; F=24.116, P<0.001$）。同时在各指数上，均呈现出小学学段显著低于初中学段、高中学段，初中学段显著低于高中学段的趋势。

4. 学生互联网学习指数相关性分析

根据相关分析结果显示，互联网学习各项指数均有显著的正相关关系，相关系数均集中在0.7～1.0。其中，学习能力指数与学习应用指数、资源与过程支持指数、学习环境指数之间的相关系数分别为0.869、0.801、0.725，学习应用指数和资源与过程支持指数、学习环境指数之间的相关系数分别为0.906、0.818，学习支持指数与学习环境指数之间的相关系数为0.857。

3.5　教师互联网教学发展情况

3.5.1　受调查教师背景特征

本次调查剔除无效问卷后，有效教师问卷总计52271份，涵盖全国30个省级行政区，在所回收的问卷中有45.27%来自东部地区，47.03%来自东北地区，7.42%来自西部地区，0.28%来自中部地区。教师所在学校类型分布上，36.60%来自市区学校，40.59%来自乡镇学校，22.81%来自农村学校。在学历分布上，0.16%的教师学历为博士研究生，5.88%的教师学历为硕士研究生，83.68%的教师学历为本科，10.28%的教师学历为专科及以下。在学段分布上，有56.95%的受访教师任教学段为小学，30.78%任教学段为初中，12.27%任教学段为高中。在培训情况方面，大部分教师参与过互联网教学相关培训，其中29.65%的教师每年可以参加1次互联网教学相关培训，20.22%的教师每年可以参加2次相关培训，36.83%的教师每年可以参加3次及以上相关培训，仅有13.30%的教师从未参加过互联网教学相关培训。

3.5.2　教师互联网教学年度指数

教师互联网教学综合指数平均值为3.87分，达到了"较好"水平，各专项指数及其细项发展情况如表3-2所示。

表3-2　教师互联网教学指数细项得分情况

指数维度	指数细项	平均值	标准差
教学能力	技术知识	3.68	0.85
	资源整合能力	3.93	0.76
	学生指导能力	3.87	0.78
	学习评价能力	3.76	0.86
	学科教学能力	3.91	0.78
	伦理与安全	4.08	0.76
教学应用	互联网教学动机与期望	4.05	0.73
	互联网教学效果	3.84	0.81
	互联网教学态度与体验	3.89	0.75
教学支持	内容与资源支持	3.90	0.77
	评价与反馈支持	3.75	0.91
	策略与技能支持	3.80	0.87
	动机与情感支持	3.92	0.81

续表

指数维度	指数细项	平均值	标准差
教学环境	平台与系统	3.77	0.88
	终端设备	4.05	0.80
	政策环境	3.89	0.86

综合比较互联网教学各专项指数及其各细项指数可以发现，教学能力专项指数中技术知识和学习评价能力发展程度较低；在教学应用专项指数中，互联网教学效果发展程度较低；在教学支持指标中，评价与反馈支持、策略与技能支持发展程度较低；在教学环境指数中，平台与系统发展程度较低。

3.5.3 教师互联网教学指数分析

1. 不同区域类别教师互联网教学指数比较

不同区域类别教师互联网教学各专项指数均存在显著性差异($F=43.269, P<0.001; F=36.129, P<0.001; F=39.113, P<0.001; F=62.929, P<0.001$)。同时在各指数上，均呈现出市区学校显著高于乡镇学校、农村学校，乡镇学校显著高于农村学校的趋势。

2. 不同学段教师互联网教学指数比较

不同学段教师在互联网教学各专项指数上均存在显著性差异($F=197.061, P<0.001; F=207.202, P<0.001; F=245.893, P<0.001; F=254.414, P<0.001$)。同时在教师互联网教学各专项指数上，均呈现出初中教师、高中教师显著低于小学教师的状态，初中教师和高中教师之间无显著性差异。

3. 不同教龄教师互联网教学指数比较

不同教龄教师在互联网教学各指数上均存在显著性差异($F=339.161, P<0.001; F=296.006, P<0.001; F=322.527, P<0.001; F=287.704, P<0.001$)。在教师互联网教学各专项指数上，均呈现出20年以上教龄教师低于16～20年教龄教师，16～20年教龄教师低于11～15年教龄教师，11～15年教龄教师低于6～10年教龄教师，6～10年教龄教师低于5年以下教龄教师的特点。

4. 教师互联网教学指数相关性分析

互联网学习各项指数均有显著的正相关关系，相关系数均集中在0.7～1.0。其中，教学能力指数与教学应用指数、教学支持指数、教学环境指数之间的相关系数分别为0.888、0.814、0.784，教学应用指数与教学支持指数、教学环境指数之间的相关系数分别为0.885、0.843，教学支持指数与教学环境指数之间的相关系数为0.888。

3.6 疫情期间互联网学习开展情况

3.6.1 疫情期间互联网学习的基本情况

通过疫情期间在线教学的实施，大部分教师对互联网学习产生了积极的认识，51.20%的教师认为互联网教学具有独特优势，疫情过后应作为教学辅助手段。在课程开设情况方面，语文、数学、英语等主科课程占比较高，分别为93.70%、93.60%、85.70%。在学生参与方式方面，以“名师直播课堂(55.01%)”“在线互动直播(52.20%)”为主。对于学习方式的突然改变，49.40%的学生表示很不适应，但随着互联网学习的开展，64.70%的学生表示能够学习更多知识。在资源应用方面，应用最为广泛的资源类型包括教学平台和工具(72.30%)、教师教学资源(58.50%)、名师资源(55.90%)，学习资源应用较少。在学校管理组织方面，借助社交媒体(72.20%)和在线管理平台(70.10%)是主要方式。教研组探讨(73.90%)、本校优秀教师示范(71.80%)成为疫情期间主要的教研组织方式。在保障措施方面，教师在线教学培训(75.40%)、为教师提供教学资源(73.10%)、为学生提供学习资源(71.90%)成为主要方式。

3.6.2　疫情期间互联网学习效果分析

就教师对疫情期间互联网教学的适应情况来看，约有17.90%的教师表示产生了较为强烈的焦虑感；就学生学习状态而言，其任课教师表示，83.00%的学生处于浅层学习的状态；就疫情期间互联网学习的教学效果来看，62.50%的教师表示其教学效果劣于线下教学，69.60%的学生表示其学习效果劣于线下学习。

3.6.3　疫情期间互联网学习存在的问题

在教学管理层面，66.70%的管理者认为基础教学环境建设有待优化，60.70%的管理者表示教学平台有待优化，57.60%的管理者表示存在优质资源结构性短缺的问题。在教学层面，主要问题集中于网络环境、教学活动组织开展等方面，61.20%的教师表示存在网络问题，50.10%的教师表示缺少与学生的直接交流，46.50%的教师表示维持学生注意力存在一定困难。在学生学习层面，27.30%的学生表示讲课的不是自己的教师，很不适应；24.20%的学生表示缺乏足够的优质学习资源，23.90%的学生表示教师不能及时解答自己的疑惑。

3.6.4　互联网学习改进建议

互联网学习改进建议主要集中于优质学习资源、在线教学与管理平台的提供等。就管理者而言，提出的主要改进建议包括以下几点。82.30%的管理者表示希望提供更加优质的学习资源，76.20%的管理者表示希望提供更加优质的在线教学与管理平台，60.80%的管理者表示希望搭建与兄弟学校的合作平台，实现师资共享。就教师而言，81.30%的教师希望提供更加优质的教学资源，69.80%的教师希望继续优化管理，49.30%的教师希望加强与兄弟院校的合作，分享线上教学经验。对学生而言，其迫切需求包括：55.50%的学生希望加强优质学习资源建设，43.50%的学生希望提高教师在线教学能力，33.20%的学生希望能够整合学习平台。

3.7 关键问题及发展趋势

3.7.1 互联网学习发展关键问题

1. 互联网学习质量尚未得到师生充分认可

根据对教师、学生的调查结果显示，分别有32.60%的教师和39.40%的学生认为疫情期间互联网学习效果明显劣于线下教学，疫情期间互联网学习的实施效果并不理想，互联网学习质量尚未得到师生的充分认可。同时根据调查结果显示，影响互联网学习效果的因素也是多方面的，例如互联网学习环境无法满足学习需要，教师互联网教学能力以及学生互联网学习能力不足，参与互联网学习的过程中师生、生生无法及时进行交互，教师无法实时跟进学生的学习情况，教师缺乏教学临场感以及学生缺乏学习临场感等。

2. 环境建设仍不能较好地满足互联网学习需求

根据此次调查结果显示，学生学习环境指数及教师教学环境指数均达到了"较好"水平，但是就学生学习、教师互联网教学过程中存在的问题来看，学生、教师从不同的角度提出了环境建设方面的问题，例如"学校互联网教学基础环境建设有待优化""学校互联网教学或平台建设有待完善""网络不畅，经常卡顿""平台不稳定，容易出现崩溃情况"，表明当前环境建设仍无法完全满足互联网学习的需要，需要进一步整合互联网学习平台，组建教育专网迫在眉睫。

3. 互联网学习应用方式较为单一、教师在线教学设计能力缺乏

在互联网学习发展的过程中，互联网教学应用场景及互联网学习应用场景逐渐呈现多样化的趋势，出现了互联网支持下的课堂学习、同步课堂、混合式学习、探究学习、自主学习等学习应用场景，以及互联网支持下的备课、授课、教研、评价等教学应用场景。与此同时，互联网学习及互联网教学应用方式仍停留在初级阶段，在学习应用中多以"观看教学视频""听教师直播讲课""获得教师的教学辅导"等方式为主，在教学应用中多以"分享学习资源""发布学习任务""进行讲授"等方式为主，教师对互联网教学的定位仍停留在单向传授知识、学生被动接受的层面，学生自主性发挥不足，无法充分体现互联网技术对提升学生学习能力的作用。

4. 互联网学习资源面临结构性短缺问题

互联网学习资源的开发与应用是互联网学习发展的重要组成部分。在过去几年内，互联网学习资源建设工作取得了一定成绩，大批学习资源、教学资源涌现，在为教学活动带来便利的同时，教师及学生也面临新的难题，即需要花费大量时间选择资源。在调查过程中，管理者、教师、学生也从不同角度表达了对优质资源的需求，管理者、教师、学生均将"提供更加优质的资源"作为基础教育领域互联网学习发展的首要任务。这说明当前互联网学习资源总量充足，但优质资源短缺，需要转变互联网学习资源建设思路，由过去的追求"量"转变为追求"质"，以满足教师、学生需求为目标，不断开发支持互联网学习及教学的高质量互联网学习资源及教学资源。

5. 学生互联网学习能力及教师互联网教学能力仍需提升

根据此次调查结果显示，学生互联网学习能力及教师互联网教学能力均达到了"较好”水平。但是就具体内容来看，学生互联网学习能力及教师互联网教学能力仍有待加强。在学生互联网学习能力方面，仍需进一步提升注意力维持能力、获取信息能力、信息价值判断能力、信息组织与整合能力、资源分享能力、尊重版权意识等多方面的能力。在教师互联网教学能力方面，仍需进一步提升工具使用、教学资源创作、激发学生思考、开展学习评价等多方面的能力。

3.7.2 互联网学习发展主要趋势

1. 互联网学习逐渐成为基础教育领域的新常态

互联网学习逐渐成为基础教育领域的新常态是互联网学习发展主要趋势之一。经过多年的发展，互联网学习的灵活性、便捷性等特征不断显现，互联网学习效果及价值不断得到检验，尤其是疫情防控期间在线教学的开展，引起了社会多方对互联网学习的关注。在政策上，“十三五”规划、“十四五”规划、教育信息化2.0计划、教育现代化2035等重要规划均将互联网学习作为重要发展内容；在一线教学实践中，教师越来越能意识到互联网技术的重要价值，就本次调查结果显示，大多数教师表示“疫情过后，还可以借助网络开展教学，作为面对面教学的补充”。可以预见，互联网学习方式将呈现多样化的发展，校际协同教学、家校互动教学、校企联动教学等也将成为未来重要的教学方式，并重构传统教学结构、再造传统教学流程和方法，变革现有的教育教学模式。

2. 智能化的互联网学习工具将逐渐成为新的发展趋势

随着以人工智能技术为代表的新兴信息技术的发展以及互联网学习需求的不断变化，智能化将成为学习工具的发展趋势。以人工智能技术为代表的信息技术对教育行业的影响逐渐扩大，人工智能教育的受关注程度不断上升，在此背景下，教育产品行业势必要走向智能化发展道路。同时，根据调查显示，学生、教师、管理者对智能化学习工具的需求不断提升，智能化学习工具逐渐成为新的发展趋势。

3. 互联网学习对集成性学习平台的需求日益提升

互联网学习的发展促使大批学习平台涌现，尤其是在疫情防控期间，互联网学习平台及相关产业更是飞速发展，各企业平台之间竞争日益加剧。学习平台数量过多，进而导致了“学习资源被人为割裂”“学习行为连贯性降低”“学生之间沟通受到阻碍”“为教师、学生带来技术操作负担”等多方面风险。从相关调查数据中可以看出，管理者、教师、学生对“整合现有学习平台”的需求均较为强烈，开展互联网学习对集成性学习平台的需求日益提升。

4. 师生互联网学习胜任力培养需求快速增长

互联网学习的顺利开展需要师生互联网学习胜任力的支持，而当前教师互联网教学能力及学生互联网学习能力仍存在发展不均衡的问题，在部分能力指标上仍需重点突破。互联网环境下的教学需要教师具备相应的在线教学胜任力：在技术层面，教师要掌握常用的在线教育平台或工具操作，能够根据学生特点及个性化学习需求，借助人工智能等新兴信息技术，创新教育教学模式；在教学设计层面，能够有效开展线上各类教育教学活动，创新教育教学模式，协同各方开展教育服务；在教学管理与评价层面，能够借助信息技术，实现对学生学习的全过程监督、评价、反馈。互联网学习对学生能力素养提出了更高的要求：在自我学习意识层面，学生要转变传统学习观念，正确认识在线学习的价值，主动适应、积极参与教育教学活动；在信息素养层面，要具备在线学习的策略、方法运用与能力；在自我管理层面，要具备自我发展的内驱力，合理安排个人时间，参与线上线下学习活动。

5. 管理者治理能力逐渐成为影响互联网学习发展的关键因素

随着互联网学习的不断发展，治理的作用及价值不断显现，尤其经过疫情期间教学管理的实践，政策调控、互联网治理对于促进互联网学习的发展具有不可比拟的作用，管理者治理能力逐渐成为影响互联网学习发展的关键因素。从北京、天津、上海、南京等地区基础教育领域互联网学习发展典型案例来看，管理者在互联网学习发展过程中扮演着重要角色，其治理能力直接影响互联网学习的发展程度。总之，管理者治理能力是影响互联网学习发展的关键因素，在后续的互联网学习发展中其作用愈发重要，不少地区开始尝试培养“首席信息执行官”，并加大对管理者的培训力度，进而达到提升管理者治理能力的目的，促进互联网学习发展。

第 4 章　高等教育领域互联网学习发展

4.1　年度特征

随着互联网技术与产品的迅速发展，互联网与社会各行各业的融合越来越紧密，高等教育领域也不例外。扩大互联网在学校教育中的应用是顺应“互联网＋”时代发展趋势与推进高等教育数字化转型的重要手段。2020 年，高等教育的互联网学习在政策、实践与研究的多重影响下，得到了进一步的推进并呈现出新的特征。

4.1.1　教育信息化建设阶段性成果为互联网学习打下坚实的基础

互联网学习是教育信息化在应用层面的重要形态。教育信息化在基础设施、学习资源、教学方法等多方面的建设同样会推动互联网学习的发展。2020 年是《国家中长期教育改革和发展规划纲要（2010—2020 年）》[①]《国家教育事业发展“十三五”规划》（国发〔2017〕4 号）[②]和《教育信息化十年发展规划（2011—2020 年）》（教技〔2012〕5 号）[③]多项政策的收官之年。在政策的大力支持与高校的长期投入下，高等教育领域教育信息化建设成果显著。教育信息技术设施的升级换代为高校数字化转型提供了更坚实的保障，各类学习平台与工具的普及应用为探索与创新教学方法提供了更优越的条件，教育资源公共服务平台的扩大建设为优质资源共建共享提供了更有力的支撑，智慧校园的战略布局为高校教育信息化建设提供了更长远的视野。高等教育信息化在基础设施、资源与平台、教学方法与手段以及顶层设计各方面取得的成就也为互联网学习的发展铺平了道路。开展互联网学习所需要的环境、资源、方法、制度和人员支持都可以在高等教育信息化的大背景下获得。

4.1.2　大规模在线教学促进互联网学习与高等教育的系统融合

2020 年年初暴发的新冠肺炎疫情引发了全球范围内的大规模停课。不少国家关闭了学校与教育机构以防止新冠肺炎疫情扩散。为避免疫情造成的教学中断，教育部提出

---

① 教育部.国家中长期教育改革与发展规划纲要（2010—2020 年）[EB/OL]. http：//www.moe.gov.cn/jyb_xwfb/s6052/moe_838/201008/t20100802_93704.html，2010-07-29/2021-01-21.

② 国务院.关于印发国家教育事业发展“十三五”规划的通知（国发〔2017〕4 号）[EB/OL].http：//www.moe.gov.cn/jyb_xxgk/moe_1777/moe_1778/201701/t20170119_295319.html，2017-01-10/2020-01-21.

③ 教育部.关于印发《教育信息化十年规划（2011—2020 年）》的通知（教技〔2012〕5 号）[EB/OL].http：//old.moe.gov.cn//publicfiles/business/htmlfiles/moe/s5892/201203/xxgk_133322.html，2012-03-13/2021-01-21.

利用在线教学实现"停课不停学",得到了地方政府与高校的积极响应。一场前所未有的大规模在线教学活动在各教育领域铺开。为了保障线上教学的有序进行,实现与线下教学的实质与等效,高校管理者需要在多方调研的基础上制定在线教学设计与实施方案,教师需要在熟悉各类平台与工具的前提下迅速掌握在线教学方法,学生则需要在学习过程中不断调整学习状态与方法,以更好地适应在线教学。截至 2020 年 5 月 8 日,全国 1454 所高校开展了在线教学活动,共推出 107 万门课程,覆盖本科全部 12 个门类,103 万教师与 775 万本科生参与其中①。

从实践效果来看,疫情期间的大规模在线教学极大地促进了互联网学习与高等教育的系统融合。首先,无论是高校管理者、教师还是学生,对互联网学习的理解都更加深入,在掌握了实施互联网学习的有关经验的同时,对互联网学习的态度也发生了不同程度的转变。这为互联网学习在高校的进一步发展提供了态度与经验基础。其次,与互联网学习相关的教学模式与方法在实践中得到了大量检验,并在本地化过程中出现了多种类型的创新,为教师后续开展互联网学习提供了策略支撑。此外,各类学习平台与学习资源在大规模在线教学实践中得到了广泛的应用与效果验证,为互联网学习实践提供了有效工具与资源的储备。总而言之,大规模在线教学在高校的系统实践也促成了互联网学习与高等教育的系统融合。互联网学习以从未有过的方式在高等教育体系内得到了普遍的关注与讨论。

4.1.3 "双万计划"助推互联网学习环境、资源、方法与教师能力的多向发展

2019 年 4 月,教育部正式启动一流本科课程"双万计划"②,利用 2019—2021 年三年时间认定万门左右的国家级一流本科课程与万门左右的省级一流课程。"双万计划"所认定的课程类型中包含了与互联网学习紧密相关的两类课程形式——线上课程与线上线下混合式课程。这也使得"双万计划"在一定程度上助推了高等教育互联网学习的发展。2020 年,"双万计划"有序推进并取得了显著成果。在 11 月公布的国家首批一流本科课程认定结果名单中,有 1875 门线上一流课程获得认定,1463 门线下一流课程获得认定③。与此同时,各省也在这一年内纷纷推出了省级一流本科课程认定结果④⑤。

"双万计划"的推进为互联网学习实现环境、资源、方法与教师能力的多向发展提供了契机。在环境层面,学校在政策推动下鼓励教师开展互联网教学探索,并增加相关基础设

---

① 央视网. 教育部:全国 103 万高校教师已开设 107 万门在线课程 类型多样形式丰富[EB/OL]. https://www.sohu.com/a/395129030_120074, 2020-05-14/2021-01-21.

② 教育部.关于一流本科课程建设的实施意见(教高厅〔2019〕18 号)[EB/OL]. http://www.moe.gov.cn/srcsite/A08/s7056/201910/t20191031_406269.html.

③ 教育部. 教育部关于公布国家级首批一流本科课程的认定通知[EB/OL].http://www.moe.gov.cn/srcsite/A08/s7056/202011/t20201130_502502.html, 2020-11-25/2021-01-21.

④ 广东省教育厅. 关于广东省 2020 年一流本科课程拟认定课程的公示[EB/OL].http://edu.gd.gov.cn/zxzx/tzgg/content/post_3151572.html, 2020-12-16/2021-01-21.

⑤ 山东省教育厅.关于公布 2019 年山东省一流本科课程认定结果的通知[EB/OL]. http://edu.shandong.gov.cn/art/2020/3/4/art_11990_8876897.html, 2020-03-04/2021-02-03.

施与设备投入，改善教师开展互联网教学的环境；在资源与方法层面，获得认定的优秀课程为开展互联网教学提供了优质的学习资源与教学案例；在教师能力方面，学校为教师提供了与一流课程建设相关的讲座、课程、工作坊等专业发展活动，通过引入外部经验来推动教师互联网教学观念转变与能力提升。在“双万计划”与大规模在线教学的双重推动下，高等教育领域互联网学习在 2020 年获得了快速发展。

4.2 发展状况

2020 年高等教育互联网学习发展调查基于 CASE 模型展开，即从能力、应用、支持和环境四个维度描述高等教育互联网学习发展现状。调查方法以问卷调查为主，并结合文献综述与案例分析的方法。问卷面向中国大陆地区高校学生和教师发放。研究团队收集到有效学生问卷 16419 份，有效教师问卷 1610 份。基于调查结果，以下分别从互联网学习指数、互联网学习环境、互联网学习与教学应用、互联网学习与教学能力、互联网资源与过程支持、互联网教学专业发展支持六个方面简要描述 2020 年度高等教育领域互联网学习发展状况。

4.2.1 互联网学习指数

互联网学习发展指数从定量角度描述互联网学习的发展情况。2020 年互联网学习发展指数基于 CASE 模型生成，包括学生互联网学习综合指数和教师互联网教学综合指数。学生互联网学习综合指数又由学习能力指数、学习应用指数、资源与过程支持指数、学习环境指数四类专项指数求平均值获得。教师互联网学习综合指数由教学能力指数、教学应用指数、专业发展支持指数三类专项指数求平均值获得。

2020 年，学生互联网学习综合指数为 3.49，表 4-1 显示了学生互联网学习专项指数及指数对应细项指标得分概览。学生互联网学习专项指数从 3.41 到 3.60 不等，整体呈积极态势，但仍有较大提升空间。其中，互联网学习应用指数相对较低的原因在于互联网学习活动多样性相对缺乏。互联网学习环境指数相对较低的原因在于互联网学习平台应用多样性缺乏。

表 4-1　学生互联网学习指数细项得分概览

指数维度	指标细项	平均值	标准差
学习能力(3.60)	设备与软件操作	3.50	0.92
	信息收集与处理	3.55	0.88
	社会交流与合作	3.58	0.86
	策略性学习	3.57	0.85
	伦理与安全	3.80	0.88

续表

指数维度	指标细项	平均值	标准差
学习应用(3.42)	活动经历	3.04	0.94
	学习意愿	3.65	0.84
	学习投入	3.34	0.85
	学习效果	3.66	0.84
资源与过程支持(3.52)	内容与资源	3.54	0.89
	策略与方法	3.39	1.18
	评价与反馈	3.55	0.86
	动机与情感	3.60	0.84
学习环境(3.41)	学习平台	3.21	0.72
	基础设施与设备	3.63	0.87

2020年,教师互联网教学综合指数为3.47,表4-2显示了教师互联网教学专项指数及指数对应细项指标得分概览。教师互联网教学专项指数从3.27到3.57不等。互联网教学发展整体态势积极,但需要进一步加强。其中,缺少特定类型活动参与(如工作坊)导致专业发展支持得分相对较低。

表4-2 教师互联网教学指数细项得分概览

指数维度	指数细项	平均值	标准差
教学能力(3.57)	技术操作	3.42	0.80
	资源整合	3.55	0.77
	教学促进	3.56	0.75
	学习评价	3.54	0.78
	伦理与安全	3.75	0.80
教学应用(3.57)	教学形式	3.49	1.09
	教学意愿	3.72	0.78
	教学投入	3.43	0.93
	教学体验	3.62	0.52
专业发展支持(3.27)	专业发展活动参与	3.19	0.79
	专业发展时间投入	3.35	1.24

根据学生互联网学习指数和教师互联网教学指数的分析结果,2020年互联网学习指数呈现出如下特征。

对学生群体的分析显示,学生互联网学习指数呈现出显著的性别差异。女生在学习应用、学习支持、学习环境方面的感知显著高于男生。学生互联网学习各项指数之间均存在显著的正相关关系，学习应用会受到学习能力、资源与过程支持以及学习环境的共同影响。学生互联网学习活动与平台应用多样性的不足分别导致互联网学习应用指数与环境指数相对偏低。

对教师群体的分析显示，教师互联网教学各项指数受性别影响不大。女性教师与男性教师在互联网教学各项指数方面没有显著差异。30 岁以下年轻教师对自身互联网教学能力的感知显著高于其他年龄阶段的教师群体。讲师及同等级别教师群体的专业发展支持指数显著低于其他职称类型的教师群体，原因在于讲师及同等级别教师群体在专业发展时间投入上显著低于其他职称类型群体。

此外，虽然采用了不同的指数模型，但学生互联网学习指数地区分布特征与 2019 年类似，东部与东北部地区得分较高，中部与西部地区得分较低。其中，东部与东北部地区互联网资源与过程支持指数和学习环境指数均显著高于中部地区与西部地区。

4.2.2　互联网学习环境

1. 高校加快智慧校园建设与战略布局

在教育部印发的《2020 年教育信息化和网络工作要点》中，开展智慧校园建设与应用作为深入实施教育信息化 2.0 行动计划的具体举措被重点提出①。近年来，在相关部门出台的智慧校园指导意见与开展的智慧校园认定工作推动下，各大高校纷纷从战略高度加快智慧校园的建设与布局，从网络环境、数据中心、教学设施与应用平台等多个角度提升智慧校园的整体建设。截至目前，一批高校已经在智慧校园的先期探索中取得了阶段性成果。以江苏省为例，2020 年 12 月，东南大学、南京信息工程大学、南京邮电大学等 10 所高校被认定为江苏智慧校园示范校。智慧校园建设融合了人工智能、大数据、云计算、区块链等多种先进技术，进一步推动了高等教育向智能化方向的发展。

2. 互联网学习平台建设呈现多元化特征

互联网学习平台多元化既包括建设主体的多元化，也包括平台类型、功能与使用场景的多元化。在建设主体方面，互联网学习平台吸引了社会各方的参与，形成了政府、高校、企业协同开发的格局。以"中国大学 MOOC"为例，该平台由高等教育出版社与网易公司共同创建，通过与各大高校合作向社会提供在线开放课程，并同时承接教育部国家精品开放课程任务，是多元主体共同合作的典型案例②。在平台类型、功能与使用场景多元化方面，多种类型的学习平台以及平台提供的丰富功能为高校师生根据不同场景选用合适的平台工具提供了支持。从调查结果来看，在线课程平台、课堂教学平台、视频会议平台、虚拟仿真实训平台等在互联网学习中得到了不同程度的应用。此外，教师会基于特定平台发起如答题、互动、投票、测试、分享等各种类型的活动。

3. 学生互联网学习环境体验积极

调查显示，学生对互联网学习环境的体验总体偏正向。在场所与设备可获取性、网络

---

① 教育部. 关于印发《2019 年教育信息化和网络安全工作要点》的通知[EB/OL]. http://www.moe.gov.cn/srcsite/A16/s3342/201903/t20190312_373147.html，2019-03-12/2021-01-21.

② https://www.edu.cn/info/focus/gzyb/202012/t20201231_2065123.shtml，2015/-04-13/2021-01-21.

接入流畅性以及平台需求满足方面，大部分学习者持积极态度。高校在互联网学习环境建设方面的投入取得了一定成效。但与此同时，也有相当比例的学生持中立态度，说明互联网学习环境的建设仍有较大的提升空间。近年来，互联网学习与教学应用的复杂与多样化也对基础设施与设备条件提出了更高的要求。这也意味着互联网学习环境的建设不能一劳永逸，而是需要随着技术的发展及时升级换代。

4. 学生互联网学习环境选择呈现出特定偏好

针对学生互联网学习设备与场所的调查显示，学生在互联网学习环境的选择上呈现出特定偏好。其中，经常使用手机作为互联网学习设备的学生比例最高(88.42%)，其次是笔记本电脑(69.18%)。这也从侧面说明互联网学习的移动化特征愈发突出，移动学习资源与平台的设计与开发会对互联网学习的发展产生重要的影响。在学习场所的选择上，选择宿舍的学生比例最高(85.83%)，其次是教室(69.45%)和图书馆(48.53%)。宿舍成为互联网学习主要场所这一现象的原因既有可能是宿舍相比于传统教室和图书馆环境更能够满足互联网学习的特定环境要求，也有可能与教室和图书馆适宜互联网学习的空间不够充足有关。

4.2.3 互联网学习与教学应用

1. 参与意愿与动机

学生互联网学习的参与意愿和教师互联网教学的参与意愿都相对较高，持积极态度的人员比例均在一半以上。针对动机类型的调查显示，对学生而言，理解专业知识与满足兴趣爱好是其参与互联网学习的首要动机，其次是完成教师布置的学习任务与取得更好的学业成绩。可以看出，学生的学习动机呈现出较为明显的内部导向特征，但外部因素也会对其产生较大影响。当要求学生对能够激励自身坚持完成 MOOC 的要素进行排序时，获得学分认定排在首位。对教师而言，教学探索与创新、解决传统教学中遇到的问题以及为学生提供更全面的支持是获选比例较高的三类动机。与内部动机相比，教师开展互联网教学受到外部动机的影响较小。

2. 应用类型

搜索学习资源与工具(78.00%)、寻求问题解决办法(75.11%)、学习在线课程或观看直播讲座(74.24%)是高校学生参与的最常见的三类互联网学习活动。通用搜索引擎(75.88%)、数字图书馆(47.12%)、学术搜索引擎(43.69%)是学生最主要的三类学习资源搜索方式。大部分学生拥有线上线下混合式学习经历(80.21%)。在疫情之前就参与过同步在线学习的学生占比为 60.55%。有 MOOC 学习经历的学生占比为 57.38%。

高校教师主要采用的互联网教学形式较为多样，包括整合互联网资源(77.70%)、开展线上线下混合式教学(71.96%)、在课堂上利用互联网组织活动(57.85%)，组织同步在线教学(51.83%)等。此外，也有 26.77%的教师参与了在线开放课程的设计与开发。

3. 时间及其他投入

学生每天利用互联网学习的时间集中在 1～3 小时(49.05%)。同时，有 14.17%的学生投入时间在 1 小时以下，3.42%的学生投入时间在 7 小时以上。

教师每周在互联网教学设计与开发工作上投入的时间集中在 1～5 小时(34.38%)。

同时，有 20.36％的教师投入时间在 1 小时以下，7.01％的教师投入时间在 9 小时以上。教师开展线上线下混合式教学的课时比例集中在 10％～30％(46.84％)，另有 27.52％的教师课时比例在 10％以下。教师将课程知识点转化为课程视频的比例集中在 10％～30％(40.79％)，另有 33.60％的教师知识点转化课程视频比例在 10％以下。

4. 参与体验

大部分学生认同互联网学习能够提升问题解决能力(57.84％)，促进批判性思考(55.84％)，促进知识与技能积累(57.08)，但也有相当数量的学生持中立态度，比例从 37.37％～39.06％不等。教师互联网教学效果的满意度总体积极，对线上线下混合式学习效果(60.41％)与同步在线教学效果(54.80％)表示满意的教师比例均在一半以上，但也有相当数量的教师持中立态度。教师互联网教学的满意度与其适应情况有较大关联。进一步分析显示，满意度较高的教师与满意度较低的教师相比，互联网教学适应程度更好。

5. 面临挑战

学生面临的突出挑战包括互联网学习过程中经常因外部因素影响而分散注意力，高质量学习资源需求还没有得到充分满足，以及互联网学习资源与工具的免费获取还存在困难。缺少足够的时间与精力来探索互联网教学、平台与系统对多种类型学习活动的支持不够充分、遇到技术问题不能得到及时的支持是教师视角下得分最高的三类挑战。

4.2.4　互联网学习与教学能力

1. 学生互联网学习能力

受调查学生从设备与软件操作、信息收集与处理、社会交流与合作、策略性学习、伦理与安全五个维度报告了对自身互联网学习能力的感知。图 4-1 显示了学生互联网学习能力各维度的得分情况(满分为 5 分)。

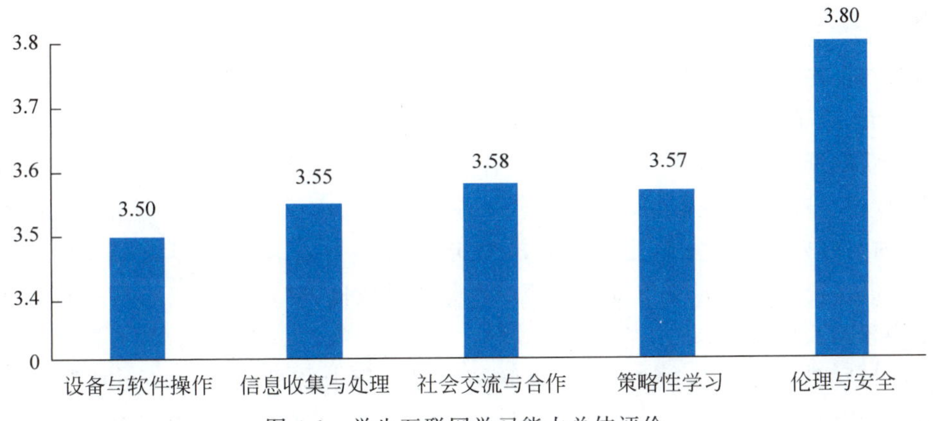

图 4-1　学生互联网学习能力总体评价

学生互联网学习能力整体情况较好，各维度评分都在 3 分以上。其中，伦理与安全维度评分最高，设备与软件操作维度评分最低。导致设备与软件操作维度评分较低的主要原因是该维度下“解决技术问题”指标评分较低。此外，对学生互联网学习能力各维度进一步分析也显示，学生在信息组织、存储与检索，利用互联网解决复杂问题，参与线上交流与合作，互联网学习中长期保持注意力方面还面临着一些问题。

2. 教师互联网教学能力

受调查教师从技术操作、资源整合、教学促进、学习评价、伦理与安全五个维度报告了对自身互联网教学能力的感知。图4-2显示了教师互联网教学能力各维度的得分情况(满分为5分)。

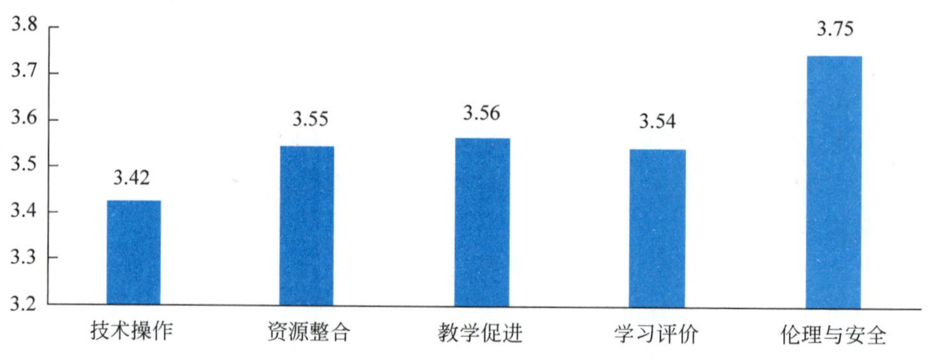

图4-2 教师互联网教学能力总体评价

教师互联网教学能力各维度评分也均在3分以上，整体情况较好。分布情况与学生类似，伦理与安全维度评分最高，技术操作维度评分较低。导致技术操作维度评分较低的原因主要是在技术问题解决以及及时掌握最新的互联网教学工具方面评分相对较低。此外，对教师各维度能力进一步分析显示，教师在学习资源制作、互联网资源知识产权保护、个性化需求满足以及基于数据为学习者提供精准评价方面的能力相对欠缺。

4.2.5 互联网学习资源与过程支持

1. 内容与资源支持

内容与资源支持调查关注学生互联网学习内容与资源的获取渠道和获取情况。在获取渠道方面，除了自行搜索(84.88%)外，教师推荐(68.95%)和同学、朋友分享(64.74%)也是学生获取资源的主要渠道。此外，也有一定比例的学生会通过订阅推送服务获取内容与资源(37.7%)。在获取情况方面，学习者在资源需求满足方面的评分最高。在5分制下，校内与校外资源需求满足分别为3.63分和3.61分，校内资源满足需求情况好于校外资源。最新资源获取与高质量资源获取得分相对较低，分别为3.52分和3.54分。

2. 评价与反馈支持

评价与反馈支持调查关注学生在互联网学习过程中获得的评价与反馈情况，包括教师与同学能否及时回应问题，教师能否提供有针对性的评价与反馈，同学能否提供详细的评价与反馈，系统能否提供准确的评价与反馈，以及互联网学习问答社区能否提供满意的答复。调查结果显示，评价与反馈支持的各项评分较为相近，且均在3.5分以上(5分制)。其中，“教师及时回应问题”评分最高(3.58分)，“通过互联网社区问答获得满意回复”评分最低(3.53分)。

3. 策略与方法支持

策略与方法支持调查考查学生获取互联网学习策略与方法的主要途径。学生选择最多的三类途径分别为教师提供的建议与指导(67.19%)、学校提供的相关讲座与课程(64.08%)、教师组织的相关学习活动(55.03%)。由此可见,来自学校和教师的支持会在很大程度上决定学生互联网学习的策略水平。此外,大部分学生的学习策略与方法来源于多种途径,同时选择2类或3类途径的学生占比为52.17%。

4. 动机与情感支持

动机与情感支持调查聚焦于学生在课程内容学习与在线社区参与过程中获得动机与情感支持的情况。学生在动机与情感支持方面的态度总体偏积极,各项评分均在3.5分以上。其中,"能够找到感兴趣的学习社区并参与进去"评分最高(3.63分),"教师组织的在线学习活动能激发我的学习兴趣"评分最低(3.58分)。

4.2.6　互联网教学专业发展支持

1. 专业发展活动参与

专业发展活动参与调查关注教师参与各类专业发展活动的频率,包括讲座、工作坊、在线课程、课程观摩、同行平时交流和主题研究。其中,教师参与讲座类活动的频率最高,参与工作坊类活动的频率最低,得分依次为3.30分和2.89分。总体而言,实施过程较为复杂的专业发展活动的参与频率都相对较低,如课堂观摩(3.23分)和主题研究(3.19分)。

2. 专业发展时间投入

在受调查的教师群体中,专业发展时间投入在10天以内的教师占比最高(36.61%),其次是投入时间在10～20天之间的教师(21.33%)。同时,也有12.38%的教师投入时间在60天以上。教师在专业发展活动上投入的时间与学校要求的专业发展研修学时有关。不同高校对学时的要求也会存在差异。此外,从专业发展指数的分析结果来看,不同职称群体专业发展时间投入存在显著差异,讲师群体投入时间显著低于副教授和教授群体。

3. 专业发展政策支持

教师的专业发展离不开学校政策的支持。调查显示,针对互联网教学,教师能够从学校获取多种类型的支持。其中,教学改革立项(69.65%)、培训课程等专业发展项目(59.21%)、技术支持(57.12%)是教师获得最多的三类支持。这也从侧面反映了学校在推进互联网教学过程中采取的主要策略。此外,针对互联网教学在时间与精力投入方面的挑战,也有不少教师获得了认定工作量的支持(40.12%)。

4.3　问题与趋势

4.3.1　存在的问题

1. 互联网学习质量尚未获得师生充分认可

互联网学习在疫情期间的突出表现,在一定程度上转变了人们对互联网学习的态度与观念,提升了人们对互联网学习质量的信心与期望。从调查结果来看,高校师生对互联网学习效果整体持积极态度，并对互联网学习的发展有较好的预期。但与此同时，受多种因素影响，互联网学习质量离获得高校师生的充分认可仍然有一段距离。为此，有必要从高校师生面临的问题与挑战出发，考察影响互联网学习质量的内部与外部因素，从多角度寻求改进互联网学习与教学实践的方法与策略。

2. 互联网学习平台功能与应用方式有待改进

在“互联网＋教育”的发展趋势下，学生希望通过互联网学习平台参与更加丰富的活动并获得更加深层的体验。这就对互联网学习平台的功能提出了更高的要求。从学生反馈来看，对生生交流与师生交流支持不够、对多种类型活动支持不够是互联网学习平台目前面临的主要问题，反映了互联网学习平台的功能仍然有待提升。不过，提升互联网学习平台的功能不是解决问题的全部答案。平台应用方式缺少多样性同样会导致学习互动缺乏与活动类型单一的问题。由此，增强教师基于学习平台加强学习互动与开展多种类型活动的应用的意识与能力成为解决问题的另一关键。

3. 互联网学习与教学能力全面性有待加强

互联网学习与教学的有效性离不开师生能力的支撑。根据互联网学习能力与教学能力调查的结果，学生与教师对自身的能力均有较为积极的感知，但仍有较大的提升空间，并且在特定的维度上还存在突出的问题。学生能力的相关问题包括互联网学习注意力保持、技术问题解决、线上研讨交流、复杂问题解决以及信息组织、存储与检索。教师能力的相关问题包括技术问题解决、及时掌握最新的教学工具、知识产权保护、学习资源制作、个性化需求满足以及数据支撑下的精准评价。如何支持师生解决上述问题，实现互联网学习与教学能力的全面提升值得进一步关注。

4. 互联网学习资源建设需要全方位关注

近年来，国家加大了学习资源建设力度，加强了对学习资源质量的监督，突出了学习资源公共服务的属性，为学生免费获取高质量的学习资源做出了大量努力。疫情期间的大规模在线教学得以顺利开展，先期建设的学习资源发挥了重要作用。但与此同时，学生对学习资源的需求还没有充分得到满足，在获取高质量的、免费的、最新资源方面仍然面临一定的挑战。资源的建设仍然需要获得全方位的关注和长期、持续的投入。

5. 高校教师互联网教学需要多角度支持

在高校数字化转型的背景下，教师的互联网教学探索得到了学校的鼓励与支持。调查显示，学校会为教师提供如教学改革立项、专业发展活动、专业技术咨询、教学场所与设备、比赛评奖、工作量认定等多种类型的支持。虽然学校为教师开展互联网教学做出了各种努力，但是这些努力还不够充分，教师需要获得更多角度的支持。调查还显示，在互联网教学中缺少足够的时间与精力投入、在专业发展活动中缺乏深度参与和共同探究是教师当前面临的突出问题。上述问题的解决对于促进更多教师积极参与互联网教学与提升教师互联网教学的有效性至关重要。

4.3.2 发展趋势

1. 混合式学习逐渐成为高等教育新常态

在疫情期间大规模教学的推动下，高校管理者与教师对互联网学习形成了更加全面的认识，有关互联网学习的观点与态度发生了不同程度的转变，在处理互联网学习与面对面学习之间的关系问题上变得更加积极。与比较孰优孰劣相比，高校管理者与教师会更多地思考如何实现互联网学习与面对面学习的有机整合，在发挥各自优势基础上更好地服务于教学。混合式学习作为互联网学习与面对面学习结合的重要学习形态将在高校中得到更多使用，成为高等教育的新常态。

2. 交互功能突出的学习平台将在教学中得到更多的应用

随着互联网学习平台功能的持续完善与种类的不断丰富，教师开展互联网教学有了更多选择。在这样的背景下，突出师生、生生互动的交互类学习平台会因其能够支撑更加复杂的学习活动而得到更多应用。从实践情况来看，不少强调交互功能的平台在此次疫情期间得到了使用，如超星学习通、腾讯课堂等。这也增强了教师基于此类平台开展互联网教学的信心。随着混合式学习在高校的常态化发展，有理由相信这些交互类学习平台将会在高校教师的教学中继续得到使用。

3. 教师互联网教学能力将在前期实践与研究成果支持下逐步提升

教师互联网教学能力作为提升互联网学习质量的关键会随着互联网学习在高等教育领域的进一步发展而获得更多关注。与此同时，前期积累的实践与研究成果，特别是疫情期间涌现出的大量优秀的在线教学案例以及支撑教师专业发展的各类学习材料将会为教师提升互联网教学能力提供有力的支持。目前，已经有不少高校征集了一批优秀的教学案例，通过网络、书籍等各类媒介渠道扩大宣传，为校内乃至更广大的教师群体提供成果分享与经验交流的机会。

4. 在线开放课程学分认定需求与支持会同步增长

截至 2020 年 12 月，我国 MOOC 学习人数达 3.1 亿人次，获得课程学分的高校学生超过 8200 万人次[①]。在接受本次调查的高校学生中，也有 9.01%的学生从学校获得了 MOOC 学分的认定。虽然在线开放课程学分认定机制尚未完全成熟，但已经迈出了坚实的一步。在教育部门的政策引导和各地高校的积极探索下，在线课程学分认定将会获得更多支持。同时，随着越来越多的高校学生参与在线课程学习，学分认定的需求也会同步增长。调查也显示，学生在获得 MOOC 学分认定方面表现出了强烈的需求。

① 教育部.教育 2020“收官”系列新闻发布会[EB/OL]. https://www.sohu.com/a/435524284_117882，2020-12-01/2020-01-21.

第 5 章　职业教育领域互联网学习发展

5.1　年度概况

5.1.1　党的十九届五中全会开启教育强国建设新征程，互联网学习是不可或缺的重要支撑

2020 年 10 月 29 日中国共产党第十九届中央委员会第五次全体会议召开，发布的《中共中央关于制定国民经济和社会发展第十四个五年规划和二〇三五年远景目标的建议》（简称《建议》）擘画了中国未来五年以及十五年的发展新蓝图，勾画了二〇三五年九大愿景目标和"十四五"规划的十二项任务的美好蓝图，明确提出"建成文化强国、教育强国、人才强国、体育强国、健康中国，国民素质和社会文明程度达到新高度，国家文化软实力显著增强"，并强调要"深入实施科教兴国战略、人才强国战略、创新驱动发展战略"，全面塑造发展新优势，构建新发展格局。《建议》指出"建设高质量教育体系"，加快推进教育现代化、建设教育强国、办好人民满意的教育。没有教育信息化，就没有教育现代化。当今社会已迈入信息社会，人类的生产、生活乃至思维、学习方式都在发生根本性变革，未来的教育必然是基于网络环境更加开放的教育，互联网学习必将是推动教育强国建设不可或缺的重要支撑。

5.1.2　中国教育信息化"十三五"规划如期收官，互联网学习环境和条件得到显著提升

党中央、国务院高度重视教育信息化工作，"十三五"以来，教育信息化已由起步应用阶段进入融合创新阶段。校园联网、优质资源供给与应用、数字教育资源公共服务体系建设、信息化支撑教育治理现代化成效、教师信息素养和应用能力五个方面取得显著成效①：学校网络基础环境基本实现全覆盖，全国中小学（含教学点）联网率达 99.7%，出口带宽达到 100M 的学校比例为 98.7%，95.2%的中小学拥有多媒体教室；优质资源供给和教学应用水平大幅提升，建成 203 个国家级职业教育资源库，认定 1291 门国家精品在线开放课程和 401 个国家虚拟仿真实验教学项目；数字教育资源公共服务体系基本建成，国家数字教育资源公共服务体系已接入各级平台 184 个，应用访问总数累计超 3 亿人次，资源共享总数超过 3.2 亿次，月活跃用户达 6000 多万人，全国各级各类学校、师生网络学习空间开通数量超过 1 亿个；信息化支撑教育治理现代化成效显著，建成学校、教师、学生三

① 教育 2020 收官系列发布会介绍"十三五"期间国家教育改革发展、教师队伍建设、教育经费投入与使用、信息化建设情况.http://www.moe.gov.cn/fbh/live/2020/52692/tpwd/202012/t20201201_502711.html.

大教育基础数据库，实现全国所有学校“一校一码”、师生“一人一号”。

5.1.3 新冠肺炎疫情推动中国教育实现全规模线上教学和学习，基于互联网的职业教育学习模式得到快速发展

2020年新冠肺炎疫情引发了大规模在线教学和学习实践，从2020年2月底开始，全国数十万所学校、2.8亿学生和1700万教师离开现实课堂，在线上开展教学和学习；其中，1454所高校的在线教学中，103万教师在线开出了107万门课程，在线学习的大学生共计1775万人。① 以“中国职业培训在线”平台为例，截至2020年12月，“中国职业培训在线”平台注册学员突破200万人，注册开班企业、院校、培训机构达4.5万余家，自2020年年初以来，年度累计访问量超过6.5亿人次，学员累计学习时长达3100万小时。② “停课不停学”让职业教育战线对教育信息化的认识发生了质的飞跃，教师和学生在互联网学习中的角色发生了深刻变化，推进“以教师为主”的传统课堂教学方法逐渐向“以学习者为中心”的差异化教学和个性化学习转变。

5.1.4 职业教育提质培优聚焦高质量发展，信息化建设纳入重点任务

继2019年国务院印发《国家职业教育改革实施方案》（简称“职教20条”）后，2020年9月16日，教育部、国家发展和改革委员会、工业和信息化部、财政部、人力资源和社会保障部、农业农村部、国务院国有资产监督管理委员会、国家税务总局、国务院扶贫办九个国务院职业教育工作部际联席会议成员单位联合印发《职业教育提质培优行动计划（2020—2023年）》，这是职业教育突出类型特色、聚焦高质量发展的行动计划。10月，教育部印发《关于承接〈职业教育提质培优行动计划（2020—2023年）〉任务（项目）的通知》，统计数据显示，32个省份（含新疆生产建设兵团）均承接了任务（项目），预计总投入经费共计3074.53亿元，4562所职业学校和有关单位参与建设，全国总布点数12.8万个。③ 在未来的2～3年内，职业院校将围绕职业教育信息化2.0建设行动的重点任务，推进提升职业教育建设水平，实现从融合应用向创新发展的转变。

5.2 年度特征

5.2.1 职业教育信息化2.0建设行动

2020年9月，教育部等九部门印发的《职业教育提质培优行动计划（2020—2023年）》提出了“实施职业教育信息化2.0建设行动”，推动信息技术与教育教学深度融合，拉开了新一轮的职业院校信息化建设序幕。“2.0建设行动”以《职业院校数字校园规范》为支撑，推动各地研制校本数据中心建设指南，指导职业学校系统设计学校信息化整体解决方案；引导职业学校提升信息化基础能力，建设高速稳定的校园网络，联通校内行政、教学、

---

① 中国教育“线上迁徙”：学生家长教师角色重新定义[N].中国青年报，2020-07-29.

② 中国职业培训在线注册学员突破200万[N].中国日报网，2020-12-15.

③ 职业教育提质培优进入施工阶段[N].中国教育报，2021-01-15.

科研、学生、后勤等应用系统，统筹建设一体化智能化教学、管理与服务平台。同时，提出遴选 300 所左右职业教育信息化标杆学校，遴选 100 个左右示范性虚拟仿真实训基地；面向公共基础课和量大面广的专业（技能）课，分级遴选 5000 门左右职业教育在线精品课程；探索建设政府引导、市场参与的职业教育资源共建共享机制，建立健全共建共享的资源认证标准和交易机制。

5.2.2　职业院校数字校园建设

职业院校数字校园建设实验校项目，是为了推动职业院校数字校园建设，促进信息技术与职业教育深度融合，由教育部领导，中央电化教育馆具体负责组织实施。数字校园实验校建设通过创新体制机制，不断加强信息化管理和服务支撑，规范信息化工作流程，加强信息化队伍建设，提升信息化治理水平。2020 年 12 月 8 日，中央电化教育馆公布《第三批职业院校数字校园建设实验校项目总结通过名单》，本次共有 115 所中高职学校通过项目总结。从 2015 年开始至今，三批共计 346 所职业院校通过数字校园建设实验校项目总结。为进一步有效推进信息化与教育教学深度融合，2020 年 6 月 16 日，教育部公布《职业院校数字校园规范》，此规范是基于《职业院校数字校园建设规范》（教职成函〔2015〕1 号）进行的再修订，标志着职业院校数字校园从建设向应用转变。《职业院校数字校园规范》由引言、总体要求、师生发展、数字资源、教育教学、管理服务、支撑条件、网络安全、组织体系、评价指标和附录 11 个部分组成，重点突出了信息化在职业教育教学中对产教融合办学、校企合作人才培养、实验实训与顶岗实习、职业培训等的支撑作用，加强了网络风险管控、组织保障。

5.2.3　线上职业技能培训

在“互联网＋”时代，职业技能培训线上线下融合发展快速推进，“互联网＋职业技能培训”为各类劳动者学习理论知识和职业技能提供了便捷化、多样化、个性化的培训服务。2020 年的疫情加速了互联网＋职业技能培训的进程。人力资源和社会保障部、财政部 2020 年 2 月 20 日印发的《关于实施职业技能提升行动“互联网＋职业技能培训计划”的通知》（人社部发〔2020〕10 号）推进了更多劳动者参与线上职业技能培训。疫情期间，有关部门线上培训平台免费对劳动者开放重点培训课程，积极引导鼓励有关培训机构等免费开放线上培训资源，对延迟返岗农民工等重点群体通过政策支持加大线上培训。学习者可以通过在线直播、视频录播、交流互动、考核测试等形式，实现居家线上学习。山东推行“互联网＋”培训模式，充分利用线上培训渠道和资源，开展线上理论培训和模拟仿真实训，扩大线上职业技能培训的覆盖面；强化企业线上培训支持力度。上海市在实施互联网＋职业技能培训过程中，实现“三个全覆盖”，即培训主体全覆盖、培训项目全覆盖、培训对象全覆盖。浙江省借助直播带货等“风口”，推动“网红”等各类新业态培训，丰富创业带动就业模式。甘肃省聚焦十大生态产业和“牛羊菜果薯药”六大特色产业，依托国家推荐的线上免费职业培训平台，大力推行线上线下结合的培训，线上培训以理论知识、通用职业素质、疫病防治与卫生健康等学习为主，观看仿真模拟和技能视频演示，完成线上培训后，再进行线下的实操训练课程，培训取得了良好效果。

5.2.4 职业教育专业教学资源库

职业教育专业教学资源库是“互联网＋职业教育”的重要实现载体，截至目前，国家、省、校三级互补的优质资源共建共享体系已初步形成，其中203个国家级资源库覆盖了19个高职高专专业大类。2020年教育部职业教育与成人教育司按照《关于开展职业教育专业教学资源库2020年项目验收评议工作的通知》(教职成厅函〔2020〕31号)安排，对提交的8个资源库的申请验收材料进行了业务初审，并公示。在疫情防控“停课不停学”期间，职业教育专业教学资源库发挥了重要作用，有力支持了线上学习，2020年2月11日，教育部职成司《关于在疫情防控期间充分利用职业教育专业教学资源库组织好职业院校在线教学活动的通知》(教职成司函〔2020〕5号)，公布了一批职业教育专业教学资源库。国家、省、校三级资源库主持单位联合行业企业建立共建共享联盟，不断更新优质专业教学和职业培训资源，扩大同类专业的线上教学，推进职业院校有效组织在线教学活动。

5.3 从疫情看职业教育互联网学习的关键问题

2020年的疫情助推了互联网学习在职业院校的发展进程，当每一位教师都可以开展和进行互联网教学时，解决了“能”的问题，同时也提出了“好”的问题，即如何开展高质量的互联网教学。高质量将成为未来相当长一段时间内，职业院校互联网学习需要解决的重点和关键。

5.3.1 构建高质量互联网学习发展的内涵

党的十九大报告指出，我国经济已由高速增长阶段转向高质量发展阶段。“高质量发展”不仅仅指经济的高质量发展，也涉及政治、经济、文化、教育等诸多方面。要高质量发展意味着高质量的配置、高质量的供给和高质量的需求。就互联网学习而言，高质量互联网学习的配置需求高质量的基础设施和高质量的数字资源，高质量互联网学习的供给需要高质量的教学设计和高信息素养的教师，高质量互联网学习的需求需要高信息素养的学生。

5.3.2 提高互联网学习高质量的配置

1. 推进高质量的互联网学习基础设施建设

持续提升互联网学习的基础设施才能保证高质量。平台软件不稳定、网络卡顿、噪声大、演示文稿显示不全等是这次疫情“停课不停学”最初阶段遇到的问题，如何满足大规模同时稳定的在线学习，对不同地区、不同条件下的基础设施提出了高要求。高质量就是要在技术不断进步的条件下，基础设施快速更新和完善。

在进入的“十四五”时期，要加大提升教育信息化基础设施建设的力度，改造升级职业院校宽带网络，推动职业教育网络提速增智，实现互联网百兆进校，教育专网百兆互联互通，加快推动5G网络校园全覆盖。采用“云—网—端”架构模式，建设数字校园应用中心。积极推进5G、人工智能、移动互联网、VR/AR、大数据、云计算等技术应用，探索校园高清视讯远程协同教育教学、5G＋VR/AR 沉浸式教学、基于人工智能的教育教学评测与管理、基于虚拟化桌面云终端的云课堂或云教室等。加强师生移动学习终端设备配备，打造“教育无处不在，学习随时随地”的现代化教学模式。

2. 推进优质的互联网教学数字资源建设

疫情期间，教育部依托国家体系整合各方力量，汇聚社会各方资源，千方百计提供丰富的学习资源：一是鼓励开展东西部和区域间、校际间的协作，优质学校通过网络课堂帮扶薄弱学校开展线上教学，扩大优质教育资源覆盖面；二是鼓励企业积极共享优质教育资源，优先向需求迫切的地区，特别是湖北等疫情严重的地区，提供“互联网＋教育”的技术支持和应用服务。这次大规模的互联网学习，将优质互联网教学数字资源的供给问题提到议事日程，没有优质的数字资源，很难上“好”一堂线上课程。

加快加大精品在线网络课程的建设。在《国家职业教育改革实施方案》中，遴选认定大批职业教育在线精品课程。根据网络课程的特点，碎片化网络资源，重点针对课程中的重难点拍摄精品微视频。教学内容直接指向核心知识，突出“精”，提高课堂效率。

5.3.3　增加互联网学习高质量的供给

1. 打造高质量的互联网教学设计

疫情期间，学生认为互联网上教师的授课是把课堂“搬到”了网上，学习效果一般。要解决这一问题，需要设计一堂“好”的在线课程，开发出“好”的线上教学模式。从选择操作简便、适合互动教学的直播平台和教学平台，到熟练掌握每个平台的使用，再到集体研讨、备课，课前、课中、课后的教学组织，上课以及课后的反思与完善等方面，进行系统、全面的打造。

鼓励教师建立互联网思维，用互联、协作、共享的互联网思维，利用网络学习空间开展协同备课和网络研修，形成共同在线备课、教学研究、资源共享等一体化协作交流机制，开展网上课堂、互动教研、交流评价等相关工作，学会引导学生开展在线学习、在线考试、在线评价等新型学习方式。深入推进网络学习空间人人通应用，创设线上线下混合式学习、课内课外各学科互相融通的学习新生态。推进基于人工智能的教育教学方法创新，学会通过教育数据挖掘、学习分析、深度学习等技术，监测学习者的学习进度与状态，进而能够全面有效地进行智能诊断、资源推送和学习辅导等，开展差异化的“教”。

2. 落细落小教师信息素养的提升

基于物联网、云计算、大数据新的三大基础设施的互联网时代变革了社会发展模式、组织创造价值方式，变革了人的思维方式、行为方式，所有事物的逻辑都架构在新的三大基础设施的互联网逻辑之上，其本质是对传统行业进行智能化、数据化和信息化的革新，推进互联网与各行业的融合以及相关领域间的融合。然而，这次疫情却反映了一些教师信息素养亟须提升的细节问题，如不能很好地使用直播软件的辅助教学功能、对信息化教学设计理解不透导致实践能力较弱等，部分教师把互联网学习当成是信息技术载体与传统教学模式的衔接，简单地把课堂从线下搬到了线上。调查显示，超过 50％的教师对“互联网＋教育”的相关理念已经了解，但是在日常教学中并不会运用。[①] 这些问题归结起来，是对互联网学习认识不够、信息技术应用能力不足、互联网教学方法不灵活。

要加强对教师的理论指导。需要建立分层分类培训体系，通过多种方式促进教师转变认识，提高教师互联网学习的理论水平，让教师选择适宜的互联网教学模式，选择合适的互联网教学平台，灵活精准地实施互联网学习教学，将互联网思维融入课程设计中，变革传统教育模式，重构课程结构、课程流程和课程内容。

5.3.4 提升互联网学习高质量的需求

加强学生信息素养培养，将学生信息素养纳入学生综合素质评价。实施学生信息素养培育行动，启动职业院校学生信息素养测评，研制职业院校学生信息素养评价指标体系，建立评估模型。建立基于信息技术核心素养的学生创新实践能力培养机制，提高学生使用网络学习空间中的数字资源、网络作业、网上自测、拓展阅读、网络选修课等开展自主学习的能力，鼓励教师更加广泛地提供学习指导服务及探究式学习支持，帮助学生养成自我管理、自主学习的良好习惯，促进学生学习方式变革，探索“个性化”学习的有效路径。

---

① 侯小菊，刘延申，陆尔云.疫情视域下高职院校教师信息素养分析与提升对策——基于203个国家级职业教育专业教学资源库监测运行数据分析[J].江苏高职教育，2020(2).

第 6 章　继续教育领域互联网学习发展

继续教育是面向学校教育之后所有社会成员的教育活动，是构建终身教育体系和学习型社会的重要组成部分，是促进我国经济和社会发展、全面建成小康社会和实现社会主义现代化的关键因素，也是广大社会成员不断提高自身素质的迫切要求[①]。2020 年，继续教育领域互联网学习发展稳步推进，在网络资源供给、网络学习支持与服务、网络学习技术与形式等方面深入实践，取得诸多成果。

6.1　年度概况

国家对继续教育领域的关注与引导持续加强，学历继续教育、非学历社会培训、社区教育、老年教育百花齐放。按照教育部统计数据，全国累计培养高等学历继续教育本专科毕业生 5452 万人，开展社区教育培训约 3.2 亿人次[②]。

新冠肺炎疫情使得继续教育领域互联网学习参与更加普遍，教师和学生对互联网学习的接受度取得极大提高。继续教育各领域积极响应停课不停学号召，发挥互联网优势，确保了广大学习者居家学习安全有效地进行。除异步网络课程之外，在线直播等同步教学模式也成为继续教育领域互联网学习中的另一条主流，覆盖学历继续教育、社区教育、老年教育、行业企业培训等各部分。

继续教育互联网学习持续助力脱贫攻坚，促进教育均衡与公平。国家开放大学、各高校网络教育学院（继续教育学院）等积极发挥自身远程教育优势，输出继续教育机会，以人才培养和知识输送作为抓手实现教育“扶智”、造血赋能。

与此同时，行业企业进一步布局继续教育领域，知识付费逐渐被更多人接受，得到大学等机构不断拓宽合作伙伴关系，提供多学科互联网学习产品，并开始探索主流成人教育机构与互联网优质内容平台的学分互认、协同发展。行业企业内部也开始形成以企业大学等为主体的互联网学习格局。

---

① 郝克明，季明明. 五年来继续教育发展的成就与启示（2010—2015 年）[OL]. http://www.moe.gov.cn/jyb_xwfb/moe_2082/zl_2015n/2015_zl63/201512/t20151211_224503.html.

② 教育部职业教育与成人教育司. 从“层次”到“类型”职业教育进入高质量发展新阶段——“十三五”期间职业教育发展有关情况介绍. 教育 2020 收官系列新闻发布会第三场介绍“十三五”期间职业教育改革发展情况散发材料[OL]. http://www.moe.gov.cn/fbh/live/2020/52735/sfcl/202012/t20201208_503998.html.

6.2 年度特征

6.2.1 终身学习

终身学习是重要的时代命题，党的十九届五中全会明确提出，“发挥在线教育优势，完善终身学习体系，建设学习型社会”。2020年，继续教育各领域持续通过互联网学习推进终身学习体系建设。高校网络学院和开放大学体系不断强化学科建设，丰富专业门类，大力推进优质课程资源开发和在线教育平台优化升级，为有学习需求的学习者提供学习机遇。以中国大学MOOC、学堂在线等为代表的慕课平台提供超过3.4万门网络课程，为学习者自由选课和学习提供更加丰富的选择。互联网知识服务平台持续扩大影响力，提供碎片化的短课程、订阅学习、网络社区问答、网络直播等服务，通过打造个人和机构品牌等方式实现流量导入，知识付费也成为终身学习的另一选择。一些企业建立了企业大学，采用互联网手段打造学习型组织和知识库，淘宝大学、58同城大学等一批企业大学也于2020年入选人力资源社会保障部遴选的54家职业技能培训线上平台机构，并向全社会推荐。互联网学习也进入社区教育和老年教育中，一方面通过网络途径实现精品资源共享，弥补教学内容和师资缺口；另一方面以直播等形式保障了疫情期间的活动组织，丰富了社区居民和老年人的居家文化生活。

6.2.2 停课不停学

开放大学体系和各高校网络教育学院在疫情期间及时推出在线教学方案，一方面充分整合校内优秀网络课程，提供异步在线教学；另一方面组织教师利用在线课堂、在线直播平台、网络会议系统等开展直播教学，确保学历继续教育和非学历社会培训的有序进行。社区教育中心和老年大学纷纷开放在线教育平台和教学资源，一些社区教育中心和老年大学还主动开通了公众号、抖音号等新媒体平台，将原有品牌活动搬到线上或积极打造新的在线品牌活动，让讲师开展“直播授课”，面向社会大众，支持多终端观看，在确保疫情期间学习不断档的同时，增加了社区教育、老年教育覆盖面。国家开放大学老年大学还号召全国老年开放大学开展“乐学防疫”联合行动，免费开放31个学习平台，汇聚4.1万门公益课程，推出25期直播课程，各学习平台总访问量达900万人次。

6.2.3 在线学习服务

新冠肺炎疫情让社会充分认识到在线教育的价值和重要性，在线教育市场也得到了快速发展。在互联网学习者、互联网教育产品、互联网教育从业人群日益庞大的同时，在线学习服务水平和在线学习服务者专业能力要求也要相应提高。2020年，人力资源社会保障部等三部门将“在线学习服务师”明确为新增岗位，并将其定义为：运用数字化学习平台（工具），为学习者提供个性、精准、及时、有效的学习规划、学习指导、支持服务和评价反馈的人员。主要工作任务包括：对学习者进行学情分析，提出有针对性的学习规划和建议；负责在线学习的班级管理，为学习者建立和维护在线交互社群，激发学习者的学习动机，提高兴趣等。"在线学习服务师"这一概念的提出，一是提高了在线学习服务的重要程度，明确了在线学习服务应该作为互联网学习和在线教育中的重要环节和组成部分；二是将引导促进一大批具有专业技能的在线学习服务师进入互联网学习和在线教育行业，进一步规范和科学开展在线教育，以提高互联网学习质量。

6.3 发展指数分析

为深入了解 2020 年度继续教育领域互联网学习发展情况，报告组根据互联网学习指数 CASE 模型编制了《2020 年度继续教育学习者互联网学习发展调查》问卷。互联网学习发展由四个一级指标体现，分别为互联网学习能力(C)、互联网学习应用(A)、互联网学习支持(S)、互联网学习环境(E)，每个一级指标下又包含若干个二级指标，整体问卷包括 19 道选择题目和 79 个量表选项。量表按李克特五点量表方式设计，分为非常不同意(1 分)、比较不同意(2 分)、不确定(3 分)、比较同意(4 分)、非常同意(5 分)，取均值得分计算对应发展指数。

问卷在问卷星平台发布，填写时间为 2020 年 11 月 10 日—2020 年 12 月 20 日，共回收有效问卷 1620 份。被调查者中，男性占比 44.01%，女性占比 55.99%，男女比例基本均衡。在年龄方面，以 18～50 岁的学习者为主，同时有小部分 18 岁以下和 50 岁以上的学习者，这与继续教育领域学习者年龄跨度大、覆盖人群广有一定的关系。在 18～50 岁的学习者中，31～40 岁的学习者占比最大，为 30.93%，其次为 41～50 岁的学习者，占比为 21.17%，这也体现出继续教育在成人学习和工作后的能力提升方面发挥主流作用。在被调查者当前所处城乡分布方面，城市学习者占比为 71.11%，明显超过乡村学习者，说明继续教育互联网学习者所处的主要环境仍以城市为主，乡村的继续教育互联网学习有待于进一步扩展。

从数据来看，2020 年度继续教育领域互联网学习指数为 4.29 分。互联网学习能力、互联网学习应用、互联网学习支持、互联网学习环境四个一级指标对应的指数分别为 4.32 分、4.35 分、4.21 分、4.28 分。针对互联网学习能力，又包括设备与软件操作、信息收集与处理、社会交流与合作、自我调控、伦理规范、安全规范六个二级指标，对应的指数得分分别为 4.25 分、4.33 分、4.18 分、4.21 分、4.43 分、4.49 分。在互联网学习应用方面，被调查者在动机与期望、效果与体验、态度与观点三个二级指标的得分分别为 4.34 分、4.34 分、4.36 分。针对互联网学习支持，被调查者在课程与资源、评价语反馈、策略与方法、动机与情感四个二级指标的得分分别为 4.17 分、4.20 分、4.22 分、4.24 分。在互联网学习环境方面，被调查者在学习平台、物理环境两个二级指标上的得分分别为 4.29 分、4.27 分。调查显示，继续教育领域互联网学习在以下方面还有待于进一步加强。

(1) 继续教育互联网学习资源供给能力有待于进一步加强。被调查者在"便利地获取开放性网络学习资源"方面得分为 4.00 分，相对较低；同时，超过 40%的被调查者认为学习平台面临"学习资源不够丰富""学习资源质量有待提高"的问题。在针对互联网学习面临的挑战方面，在"针对某个主题获取系统与深入的高质量学习资源"这一条上选择"巨大挑战"和"较大挑战"的比例在所有条目中也最高，分别为 9.56%和 28.15%。这些都表明继续教育互联网学习资源供给能力有待于进一步加强。

(2) 继续教育互联网学习中的社会互动需要进一步加强。从调查数据来看，被调查者在“积极与其他人在互联网学习中进行交流互动”方面得分较低，为 4.05 分，在“能够从网络学习社区中获得归属感”方面得分也要低于互联网学习支持二级指标内的其他维度。考虑到社会互动对于学习的重要性，尤其是继续教育领域中成人学习者本身具有较好的生活和工作基础，平台和教学设计者应该创设更多的互动机会，强化课程学习过程中的社会临场感。

(3) 继续教育互联网学习中学习者碎片化学习、移动学习的趋势依然存在，但也面临着严重的学习时间不足、学习频率低等问题。39.88%的被调查者每周参与互联网学习的时长为 2～5 小时，30%的被调查者每周参与互联网学习的时长为 2 小时以内，每周学习时间超过 5 小时的被调查者仅占 1/3 左右；在参与互联网学习的频率方面，44.94%的被调查者选择 2～3 天的时间会登录平台开展学习。与学校教育相比，继续教育互联网学习者在学习投入上明显不足，这也可能进一步导致社会对继续教育学历质量和可信度的质疑。

(4) 继续教育互联网学习者在注意力保持、时间管理和学习策略选择方面的能力需要进一步加强。从调查情况看，被调查者在上述三个维度上的得分相对较低，为此，教学设计和实施者需要在自我调控学习方面提供更多的活动与训练，并在课程中以脚手架的形式帮助学习者实现更加有效的自我调控。

(5) 继续教育互联网学习在学习支持方面需要进一步加强。从四个一级指标得分来看，互联网学习支持得分最低，为 4.21 分。调查中也反映出学习者在互联网学习过程中来自同伴和教师的及时反馈和评价相对不足，其得分明显低于来自系统或网络的自动反馈。教学设计者和实施者进一步加强学习支持、避免个体学习过程中的孤独无助，是继续教育互联网学习需要解决的又一问题。

6.4 普通高校继续教育互联网学习进展

2020 年，高校继续教育不断优化布局、加速转型，稳步推进学历继续教育和非学历社会培训相关业务，坚持规范办学、强化管理、优化服务，具体呈现为如下几方面的特点。

(1) 坚决落实停课不停学要求，保质保量完成继续教育常规教学任务。疫情期间，各高校继续教育学院、网络教育学院迅速出台在线教学方案，组建在线教学队伍，发挥远程教学优势，精心组织调配各类教学资源，加大在线答疑、在线辅导等学习支持服务力度，严把“入口关”“过程关”“出口关”，保障各项教学活动的顺利进行。

(2) 依托自身在线教育优势，服务学校和社会的停课不停学。对很多高校来说，继续教育学院、网络教育学院是学校在线教育的主力军。疫情期间，继续教育学院、网络教育学院充分发挥自身的平台、技术、团队作用，为学校和社会层面的停课不停学提供了强有力的支撑。

(3) 拓宽互联网教学业务模式，打造高校继续教育新亮点。疫情期间，一些高校开始将非学历社会培训转入线上，形成线上和线下混合的社会培训新模式，一些高校还在追踪全球在线教育新趋势的基础上，推出了高校继续教育新产品新服务，如中国人民大学正式上线了第一个微专业项目——“新媒体运营实务”。

（4）服务社会公益，面向大众开放在线学习资源。疫情期间，面对全社会大规模的居家生活、工作与学习，高校继续教育学院、网络教育学院联合专家学者，快速推出多样的大众学习资源，为引导社会全方位科学认识新冠肺炎疫情、建立健康的生活习惯、缓解长时间居家的心理压力、丰富居家文化生活发挥了巨大作用。

（5）以研促教，积极推动继续教育互联网学习研究。清华大学继续教育学院、中国人民大学继续教育学院结合停课不停学期间的在线教学实践，发布在线学习效果报告，全面评估在线学习效果，挖掘继续教育学习者在线学习习惯，为后期提升教学质量提供参考。

为进一步全面了解普通高校继续教育学习者在互联网环境下的学习现状，报告编写组通过奥鹏平台对在读高校网络学院学生开展问卷调研，调研时间为2020年10月14—24日，共回收有效问卷1134份。调查得出以下结论。

（1）从被调查者已取得的最高学历来看，大专学历的学习者占比最高，达58.20%，其次为高中、本科学历的学习者，占比分别为21.52%和14.64%。可以看出，大专及以下学历用户是继续教育互联网学习的主要用户群。我国继续教育在学历补偿方面仍有较大需求。

（2）被调查者进行互联网学习的目的占比从高到低依次为“获得正式学位，提升学历层次”“学习新的知识和技能”“解决职业和生活中遇到的问题”“获得从业资格证书”“升职、加薪或获得新的工作”“对学习内容感兴趣”。这也与其受教育背景中以大专及大专以下学历用户为主相互契合。

（3）被调查者最喜欢的学习资源类型是“教学视频”，占比为86.60%，其次是“文本资源”“实时直播”，占比分别为54.76%和35.89%。这也要求互联网教学资源在视频形式、视频风格、视频质量上继续下功夫，满足当下视频学习、视觉学习的普遍需求。

（4）对于学习内容的形式，80.79%的学习者“更喜欢老师讲解一些真实案例”，此外，也有78.57%的学习者“喜欢有人引导一步步完成学习任务”。这对互联网学习内容和教学设计都提出了一定要求。

（5）在学习环境方面，被调查者对“网络不卡顿，视频播放流畅”的认同感最低，说明互联网学习在网络条件和平台优化方面还存在一定的改进空间。

（6）从互联网学习资源来看，互联网学习者对目前的资源类型和形式较为满意，但其中认同感最低的是“能在网络上找到充足的学习资源”。这一方面要求进一步提高高质量互联网学习资源的供给能力；另一方面也要加强学习者的资源检索和利用能力。

6.5 开放大学体系互联网学习进展

开放大学体系是我国终身教育领域的“国家队”，是我国学习型社会建设主力军。自成立以来，开放大学体系学历教育招生2050万人，毕业学生1512万人，不论是招生人数、毕业生人数还是在校生人数都占全国高等教育规模的10%以上，并为数以亿计的社会成员提供了各种非学历教育培训，为我国经济社会发展做出了重大贡献，促进了高等教育的大众化、普及化，促进了教育机会公平和国民素质提升。2020 年 9 月教育部颁布《国家开放大学综合改革方案》，明确提出国家开放大学要建成终身教育的主要平台、在线教育的主要平台、灵活教育的平台和对外合作的平台。

面对 2020 年突如其来的新冠肺炎疫情，开放大学体系快速反应，发挥互联网、数字化资源、体系联动优势，对招生报名、教学组织、实践教学、考试工作等进行全面安排和部署，确保“停课不停学”，满足学生居家防护和多样化学习需求。

在招生报名上，借助网络、微信等途径开展招生宣传和收费，方便学生在线完成学习报名。研发电子入学通知书系统，采用国密算法和国际加密算法相结合的双重数字签名，保证了可信度和不可篡改性，更具安全性和自主性。2020 年春季，国家开放大学为 69 万新生提供了电子入学通知书下载与验证服务。

在教学组织上，借助互联网、云教室、移动终端等开展形式多样的教学和辅导活动。开放大学整合师资，跨区域组织网络教学团队，以线上线下融合的模式开展教学，2020 年共有 6504 支教学团队为学生提供支持服务。学校全部课程上线国开学习网和 APP 移动端平台，方便学生通过 PC 端和手机参加学习，同时利用遍布全国的云教室和双向视频系统开展多终端移动教学和直播辅导。

在实践教学和毕业工作方面，以远程在线或虚拟实验实训方式组织开展课程实践和专业社会实践，并通过云教室、视频会议系统等远程网络视频的形式进行论文指导及论文答辩，录音录像存档，保障学生达标毕业。

在此基础上，2020 年度开放大学体系在推动互联网学习方面还做出如下实践。

(1) 探索线上线下融合的思政教育模式，落实落细立德树人根本任务。国家开放大学思政课程改革从学生全面发展的角度，从政治意识和历史文化两个维度培养学生的“大思政”学习理念，设计了“1＋4＋X”整合方案。“1＋4”5 门课程全部以 5 分钟视频学习为主，以专题的形式打造近 400 个微课。课程实施突出学生主体性，以“学习流程”进行教学设计，重视以导、学、测、练、评作为逻辑顺序的自我导向学习过程的指导，课程评价突出过程化，大数据管理学习行为，做到网络学习过程可跟踪、可追溯。

(2) 发挥网络学习资源建设先发优势，助力提升社会防疫科学素养。国家开放大学利用互联网和数字化资源的优势，在疫情发生后，率先启动了学习资源开放和抗疫资源建设，向个体学习者、社会大众、高等院校等开放学习资源。

(3) 加强开放大学体系内直播教学，提高学生在线学习体验与参与度。2020 年春季学期以来，组织实时直播教学 3409 场，实时教研活动 509 场，保证了疫情期间和疫情防控时期正常的教学秩序。为满足学生碎片化学习需求，国家开放大学将原有 50 分钟一节的在线教学活动调整为 25 分钟一节，学生的参与量显著提高。

(4) 汇集名师开发公开课，丰富社会学习资源。国家开放大学汇集校内外教学名师，通过“荟学习”“国开云教室”直播平台，面向社会推出 40 余场系列公开课，公开课涵盖科学防疫、民法典等社会关注、大众需要的重点话题，以名师好课的形式助力终身学习，扩大开放大学社会影响力。

6.6 行业企业推进的互联网学习进展

行业企业在推进继续教育领域互联网学习方面扮演着重要角色，集中表现在企业员工培训、职业技能培训等方面。在新冠肺炎疫情的影响下，传统线下培训模式被迫叫停，在线学习平台需求不断增长；大批企业启用线上平台，组织员工开展互联网学习，利用停工停产时间进行员工能力提升，为企业数字化转型做好准备。在线学习平台的优势在行业企业培训中被迅速放大，越来越多的企业成立了以在线学习为主要形式的企业大学，这也成为大型集团化企业解决组织机构复杂、人员规模庞大、地域分布广泛等背景下企业人才培训的重要手段。京东、腾讯、58 同城、百度文库、方正证券等大型企业均开发有企业在线学习平台和相应的人才培训互联网学习方案，并积累了丰富的经验。

为深入了解行业企业互联网学习现状，报告组委托时代光华开展调查并编制《2020 企业在线学习大数据报告》。调查显示，一线城市及沿海经济发达地区依然是企业在线学习发展的重点区域。广东、北京、江苏、上海、浙江的企业占比排名前 5，分别占全国总数的 19.48％、15.97％、9.50％、9.34％、6.29％。与此同时，电子制造业、房地产业、能源化工业、汽车业、医药生物业排名前 5，分别占全国总数的 11.49％、10.44％、7.82％、7.48％、6.45％。随后是建筑业、软件开发及技术服务业、批发/零售业、食品制造业、保险业等。2020 年度在企业内部的互联网培训和继续教育方面呈现出如下进展。

（1）视频直播在疫情中呈爆发式增长，疫情后习惯逐渐养成。2020 年 2 月和 3 月是疫情暴发期，国内各地进入“隔离”状态。企业利用在线直播工具，既可以满足培训需要，也可以实现在线协同办公。在这两个月内，企业发起的直播场次分别为 2019 年同期的 1820.94％和 844.65％，参与直播的学员人数分别为 2019 年同期的 1948.29％和 1002.69％，呈现爆发式增长。随着疫情的缓解，各地开始复工复产，直播应用有所减少，但行业企业互联网学习使用直播工具的习惯正逐渐养成。从 2020 年 4 月开始，月直播场次和月参与人数均出现明显回落，但相比 2019 年同期仍然维持了倍数的增长。

（2）在线考试成为企业学习数字化转型的主要应用。考试是企业考核员工对业务知识掌握程度的常用工具。相比传统形式，在线考试具有不受时间空间限制、批阅便捷、数据可视化等优势，成为企业学习数字化转型的主要应用。2020 年 2 月，企业在线考试 9282 场，参与人数 370779 人；2020 年 7 月，企业在线考试 26612 场，参与人数 544794 人。两个月的数据分别为 2019 年同期的 178.15％、299.97％，以及 144.50％、189.75％，在此之后的其他月份与 2019 年相比也有明显攀升。

（3）移动端登录时长首次超越 PC 端。在终端使用方面，PC 端与云端 APP 是用户主要的学习路径，随着移动终端及移动互联网使用率的不断提高，自 2017 年起，出现 PC 端使用占比下降，移动端使用占比上升的趋势；2019 年，移动端超越 PC 端。值得关注的是，随着应用场景的不断拓展，近几年微信小程序和微平台登录成为学员登录的新趋势。在登录时长方面，随着移动端使用占比的持续攀升，APP、微信小程序、第三方智能终端拓展了在线学习的入口和场景，大大增加了学员在移动端的登录时长。自 2016 年起，云端 APP、微平台、小程序等移动端登录时长逐年增加；2019 年，移动端登录时长总和与 PC 端基本持平;2020 年,移动端登录时长首次超越 PC 端。

(4) 学员月均登录人次同比增长 72.4%。自 2017 年以来,企业在线学习平台月均登录人次呈现稳定上升态势。2020 年,疫情暴发推动了企业数字化转型,企业开始将传统线下培训转移至线上完成。其中,直播成为培训和协同办公最主要的方式,其次在线考试和学习地图也成为企业数字化学习的主要手段。

6.7 社区教育和老年教育的互联网学习进展

信息技术特别是互联网技术的发展,推动着"互联网+社区教育"和"互联网+老年教育"的开展,为社区居民和老年人提供更加丰富的学习内容、更加开放的学习空间、更加便捷的学习环境。2015 年以来全国有近 20 个省(自治区、直辖市)、300 个左右的城市建设了终身教育在线平台、社区教育和老年教育 APP 以及微信小程序,汇聚了近 300TB 适合社区教育、老年教育的数字化学习资源,通过多种渠道配送至各类基层社区教育机构。近年来,社区教育和老年教育中互联网学习比例持续增长。2020 年新冠肺炎疫情使得这种趋势加快发展,疫情期间,90%以上的社区教育和老年教育机构暂停了集中教学活动,调整面授教学安排,改为线上教学。

社区教育方面,教育部社区教育研究培训中心于 2020 年 2 月初率先开放涉及健康生活教育等主题的社区教育视频公开课 3.3 万分钟、微课 3.7 万门、在线通识课程 81 门等,通过"网上社区教育大讲堂"微信公众号推送新型冠状病毒肺炎防控系列微课。各省市社区教育指导服务中心也响应号召,利用当地的终身教育在线平台、移动端等提供在线学习服务。区县一级社区学院把教师面授改为网上直播。社区居民各级各类在线学习达 1.2 亿人次,比去年同期增加 20%以上。

老年教育层面,国家开放大学老年大学发出"乐学防疫"联合行动倡议,号召全国老年开放大学充分发挥远程教育优势和体系办学优势,将课堂送到老年人家中,同时为全国线下老年教育机构提供免费在线资源。全国 29 所省级老年开放大学全部加入联合行动,部分社区教育机构、老干部大学、养老机构也积极参与其中。公益课堂开设以来,各平台已累计推出各类课程约 1.5 万门,开放电子图书数万册。

从数据层面看,社区教育互联网学习特点包括以下几点。

(1) 从学习者采用的终端设备看,以手机、平板电脑等移动端为主。以老年人线上学习为例,92% 的老年学习者通过手机、平板电脑等终端登录微信小程序、APP 进行学习,只有 8%的老年学习者通过台式计算机联网学习。

(2) 从学习时长看,大部分居民单次学习时间在 0.5~1 小时。福建省的教育大数据调查显示,居民比较适宜的学习时间是 0.8 小时。上海市老年学习团队的调查显示,大部分居民希望直播课在 0.5 小时左右。据上海学习网统计,超过 2/3 的在线学习者每周花费 1~3 小时进行在线学习,另外近 1/3 的人每周进行在线学习的时间为 3~5 小时;大部分在线学习者的单次学习时间集中在 30 分钟左右。在资源方面,5~10 分钟的微课更受欢迎。

(3) 从学习并发量集中时段看,居家防疫期间,在线学习时间较为分散,随机性强,多集中于白天时间段，如上午 9—10 点、下午 3—4 点、晚上学习人数较少；中青年人群学习并发量集中的时段相对更晚，青少年群体在线学习时间随机性更高。复工复产复学期间，学习并发量集中在节假日下午、晚上及工作日晚上等时间段，晚上 9—11 点成为学习并发量集中的主要时段。

（4）从在线学习方式看，疫情以前，居民互联网学习普遍采用在线课程方式，即一种基于学习资源的学习，交互较少。疫情期间，很多线下课程搬到线上，直播课程以更加直接的方式显现给学习者，人们开始青睐直播课程。除直播以外，学习圈互动学习等方式也颇受学习者欢迎。

（5）从学习内容的需求看，除了常规的文化艺术、职业技能类依然受到欢迎之外，居民对亲子教育、健康养生、卫生防疫等相关内容的需求有所增长。国学讲座、科普、政策法律、卫生健康教育课程热度提升。

（6）居民信息技术能力不足的问题仍制约着社区教育、老年教育互联网学习的发展。在 2020 年 7 月对 1 万名左右国家级社区教育示范区居民的调研中显示，即使在社区教育走在前列的国家级示范区，仍有 47.08％的居民表示自身的信息技术能力存在不足。

6.8 关键问题与发展趋势

6.8.1 关键问题

为更好地服务全民终身学习，继续教育领域在推进互联网学习方面还需要突破一系列关键问题，主要包括以下几点。

（1）高质量网络学习资源的供给与更新。一方面，要在终身学习体系的建设上继续丰富学科门类和课程数量；另一方面，要在教学设计上遵循成人学习规律，优化课程设计，紧跟时代特色，做好课程的更新和退出机制。

（2）继续教育领域互联网学习评价体系的建立。首先要解决网络学习成果认证问题，包括哪些学习过程和学习成果应该被认证、认证的标准是怎样的、谁来组织认证、怎样进行认证等，其次要解决学习成果的累计和转化问题，目前在学习成果认证和转化上的一条路径为学分银行的建设。

（3）建立继续教育常态化工作检查和督导机制。要将政策规定转化为具体可见的互联网学习过程监测点、检测项，确保学习过程和学习结果可追溯、可检查；教育主管部门要将工作检查和督导常态化，逐步建立“负面清单”问责机制，规范办学行为。

（4）继续教育领域互联网学习的可持续发展模式的探索。要在互联网学习资源供给、学习者和盈利方面的可持续性上做出突破。在资源方面，要发挥不同组织机构的积极性，协同发力分布式建立终身学习资源库；在学习者方面，要培养社会大众利用互联网开展自主学习的意识和能力，并关注城乡差异、年龄差异；在盈利模式上，要在关注普惠的同时探索新的盈利点（如知识学习的增值性服务等），以实现内容生产、平台维护和技术迭代。

6.8.2 发展趋势

新冠肺炎疫情让社会各界充分认识到互联网学习和在线教育的价值，报告组在总结2020年度继续教育领域互联网学习发展现状的基础上，将继续教育领域互联网学习近期前景和趋势归纳为以下几点。

（1）从继续教育到终身学习。面向全民终身学习是继续教育发展的必由之路，随着社会发展，对继续教育的需求从学历补偿逐渐向能力补偿、兴趣补偿转变。而在终身学习体系的构建中，互联网学习能够发挥巨大的作用。继续教育互联网学习也需要在学习入口、学习内容、学习方式、学习评价等方面向终身学习转变。

（2）规模与质量并行的发展道路。长期以来，社会在肯定继续教育规模的同时，也表现出对继续教育质量的担忧。有一种说法是：互联网学习虽然保障了继续教育的大规模教学，但也牺牲了教育的质量，继续教育学习成果的含金量有待进一步验证。为此，继续教育互联网学习也需要在保留规模优势的基础上，坚持提质培优，在教学设计、教学过程、教学评价上把好关，掀起质量革命。

（3）新技术、新媒介持续赋能继续教育。一直以来继续教育都与技术发展紧密挂钩，最新的5G技术、人工智能、机器学习、大数据、VR/AR、区块链等技术和媒介能够在学习资源传输、个性化学习推荐、智能化学习管理、学习分析、大数据仪表盘、虚拟仿真课程资源、学习过程和学习结果加密与认证方面带来新的突破，短视频、直播、小程序等新型媒介形式也为继续教育带来了更多的新样态和接口。这种技术与教育的融合，也代表了继续教育的发展趋势。

第 7 章　教师教育领域互联网学习发展

7.1　年度特征

互联网学习是促进教师专业水平提升的一条既重要又便捷的途径。据 2020 年 5 月教育部发布的《2019 年全国教育事业发展统计公报》显示，2019 年我国中小学、幼儿园专任教师规模达到 1463.88 万人，比 2018 年增加 51.39 万人。教师教育领域互联网学习发展聚焦我国中小学、幼儿园教师这一较大规模群体，整体反映互联网学习对促进教师专业发展的作用。2020 年，教师教育领域互联网学习主要呈现以下三个年度特征。

7.1.1　十年国培成效显著

"国培计划"是"中小学教师国家级培训计划"的简称，包括示范项目、中西部项目和幼师国培项目三项内容。2020 年恰逢"国培计划"实施十周年。据统计，2010—2019 年，中央财政累计投入"国培计划"经费 172 亿元。其中，中西部项目和幼师国培项目投入超过 159 亿元，占比 92%左右。十年来，共计有 31 个省(市、自治区)的约 1680 万人次的教师参与了"国培计划"，其中中西部项目和幼师国培项目参训人次约 1574 万(占比 94%)，示范项目也有超过 60%的参训者来自中西部地区。"国培计划"已经覆盖了全部深贫县以及贫困地区乡村教师。

7.1.2　在线培训有序开展

2020 年上半年，受新冠肺炎疫情的影响，《教育部办公厅 财政部办公厅关于做好 2020 年中小学幼儿园教师国家级培训计划组织实施工作的通知》明确要求，疫情防控期间，各地各校一律不得组织教师线下集中面授培训，各地要根据当地"停课不停学"工作部署，灵活安排、有效开展教师线上培训，支持教师立足教育教学岗位助力打赢疫情阻击战。在线培训特别是基于互联网直播技术实时开展的同步在线培训，较好地缓解了疫情对教师专业发展带来的不利影响。

7.1.3　陪伴式培训备受重视

陪伴式培训是与教师在线学习共同体(包括网络教研共同体)相关联的一个概念。教师在线学习共同体的指导团队通常由学科专家、教研员、一线名师等组成，他们在培训机构的组织下与参训教师组成学习共同体，全程参与培训学习、研修，手把手指导研修活动的开展，解答参训教师日常教学问题，引导参训教师专业成长，通过长期陪伴和辅导，使参训教师形成良好的学习和教研习惯，进而提高教育教学质量。鉴于陪伴式培训以教师发展为中心，注重教师个性化需求的满足，因此得到各方越来越多的重视。

7.2 发展状况

基于2020年互联网学习研究最新成果，对教师教育领域互联网学习发展模型进行了优化设计，并形成相应的测量工具①。基于该工具对全国(不含中国香港、中国澳门、中国台湾地区)中小学、幼儿园教师进行网络匿名问卷调查，共收集有效数据23980份。数据分析主要结果如下。

7.2.1 总体情况

1. 教师互联网学习发展水平综合指数为3.67分

总体而言，2020年的综合指数介于"一般"与"较好"之间，处于中等偏上水平。综合指数的四个维度，即教师互联网学习能力、教师互联网学习应用、教师互联网学习支持和教师互联网学习环境的水平指数分别为3.67分、3.80分、3.62分和3.60分。其中，教师互联网学习应用水平指数最高，表明互联网在我国教师学习活动中的应用情况比较理想；而教师互联网学习环境水平指数和学习支持水平指数较低，说明我国教师互联网学习环境和学习支持亟待进一步改善和提升。

2. 晚上是教师每天最常上网学习的时段

2020年，教师每天最方便上网学习的时段主要集中在20:00—22:00(占比为28.8%)和18:00—20:00(占比为17.1%)这两个时段，二者占比达到45.9%。也就是说，18:00—22:00是教师最常上网学习的时段，其中20:00—22:00是教师上网学习的黄金时段。

3. 教师每天进行互联网学习的时长以1小时左右为宜

2020年，教师平均每天上网学习的时长主要在0.5～1小时(占比为28.3%)和1～1.5小时(占比为24.4%)这两个范围，二者占比达到52.7%。可见，由于教师自身的职业特点，教师平均每天能够进行互联网学习的时长是比较有限的，一般以1小时左右为宜。

4. 教师互联网学习的内容与其专业发展关系密切

2020年，与教学内容相关的信息是教师上网学习最关注的内容，占比为52.1%，其次是与提升工作能力相关的信息，占比为31.8%，二者占比合计高达83.9%，且与教师专业发展目标都有着非常密切的关系。

5. 与课堂教学相关的多媒体资源备受教师青睐

调查结果显示，电子课件是教师上网学习最喜欢的资源类型，占比为23.7%，其次是直播课程，占比为21.2%，最后是录播课程和小视频课程，占比分别19.8%和19.5%。而诸如电子期刊、图书、网络文章等资源的受欢迎程度明显不如以上四者。

---

① 2020年教师教育领域测量工具包括教师互联网学习能力(learning competence)、教师互联网学习应用(learning application)、教师互联网学习支持(learning support)和教师互联网学习环境(learning environment)四个一级维度，每个一级维度分别由若干二级维度组成，共设置14个二级维度，具体指标总数达到58个。

7.2.2　发展指数分析

进一步对不同性别、年龄、网龄、职称、学段、地区的教师互联网学习发展水平综合指数进行比较分析，结果如下。

1. 女教师的互联网学习发展水平相对较高

不同性别教师的互联网学习发展水平综合指数的差异显著（$P<0.05$）。女教师的互联网学习发展水平综合指数为 3.68 分，而男教师的互联网学习发展水平综合指数为 3.66 分，略低于女教师。

2. 教师年龄越大，其互联网学习发展水平综合指数越低

不同年龄教师的互联网学习发展水平综合指数的差异非常显著（$P<0.01$）。30 周岁及以下教师的互联网学习发展水平综合指数最高，达到 3.74 分；31～40 周岁教师、41～50 周岁教师、50 周岁以上教师的互联网学习发展水平综合指数分别为 3.69 分、3.64 分、3.58 分。

3. 教师网龄越小，其互联网学习发展水平综合指数往往越低

不同网龄教师的互联网学习发展水平综合指数的差异非常显著（$P<0.01$）。具有 16～20 年以及 20 年以上网龄的教师的互联网学习发展水平综合指数最高，分别为 3.72 分和 3.71 分；具有 11～15 年、6～10 年、5 年及以下网龄的教师的互联网学习发展水平综合指数依次为 3.68 分、3.66 分、3.58 分。

4. 教师职称越高，其互联网学习发展水平综合指数越低

不同职称教师的互联网学习发展水平综合指数的差异非常显著（$P<0.01$）。具有初级职称的教师的互联网学习发展水平综合指数最高，为 3.71 分；具有中级职称和高级职称的教师的互联网学习发展水平综合指数分别为 3.64 分和 3.62 分。

5. 教师任教学段越高，其互联网学习发展水平综合指数往往越低

不同学段教师的互联网学习发展水平综合指数的差异非常显著（$P<0.01$）。幼儿园教师的互联网学习发展水平综合指数最高，为 3.83 分；小学教师次之，为 3.67 分；初中和高中教师的互联网学习发展水平综合指数最低，分别为 3.60 分和 3.61 分。

6. 教师互联网学习发展水平呈“东高西低”

不同地区教师的互联网学习发展水平综合指数的差异非常显著（$P<0.01$）。总体来说，东部地区的教师互联网学习发展水平整体上要高于其他地区，其综合指数达到 3.80 分，中部地区排第二（3.68 分），西部地区排第三（3.67 分），东北地区最低（3.58 分）。

7.2.3　疫情影响

1. 在新冠肺炎疫情防控期间绝大多数教师能正常开展互联网学习

调查结果显示，有 94.2％的教师在新冠肺炎疫情防控期间能正常开展互联网学习，仅有 4.0％的教师不能正常开展互联网学习，另有 1.8％的教师不能判断自己能否正常开展互联网学习。

2. 在新冠肺炎疫情防控期间大多数教师更愿意在互联网环境下学习

调查结果显示，有 64.4％的教师在新冠肺炎疫情防控期间愿意或非常愿意开展互联网学习，仅有 3.0%的教师不愿意或非常不愿意开展互联网学习。可以说，疫情对教师互联网学习习惯的养成起到了一定的促进作用。

3. 在新冠肺炎疫情防控期间大多数教师自主上网学习的时长有明显增加

调查结果显示，有 66.6%的教师认同在新冠肺炎疫情防控期间自主上网学习时长有明显增加，仅有 2.1%的教师不认同在新冠肺炎疫情防控期间自主上网学习时长有明显增加。调查结果同时表明，教师互联网学习意愿与其自主上网学习时长的增加程度高度相关，越是愿意开展互联网学习的教师，其在互联网学习的时间投入上就越积极，相应的学习时间就越有保障。

4. 教师移动学习继续保持良好的发展势头

受新冠肺炎疫情影响，为了尽量减少人员聚集，教师在办公场所进行的互联网学习也部分被移动学习所替代，移动学习的覆盖面进一步扩大。

5. 智能手机是教师开展互联网学习的首要设备

受新冠肺炎疫情影响，为了避免在固定场所或地点聚集，以智能手机为代表的移动学习设备的优势得到进一步彰显，在很大程度上取代了台式计算机，并一跃成为教师开展互联网学习的最主要设备。

7.3 问题与趋势

7.3.1 存在问题

调查结果显示，当前我国教师互联网学习发展存在的突出问题有以下几点。

（1）互联网学习资源不能很好地满足教师的个性化学习需求。

（2）教师互联网学习设备比较落后、网络基础设施建设滞后。

（3）互联网学习对较高职业阶段教师专业发展的支撑作用仍然不足。

（4）不同地区、不同省份、不同任教学段的教师互联网学习发展还不均衡。

7.3.2 发展趋势

根据调查结果和实践探索，可以得出教师互联网学习的发展趋势有以下几点。

1. 教师互联网自主学习能力进一步提高

调查结果显示，教师上网获取资源最主要的渠道是靠自己搜索，占比为 48.0%，也就是说，教师上网获取资源的自主性特征十分明显，教师自主学习能力比较强。此外，在新冠肺炎疫情防控期间，有 2/3 的教师认为自己自主上网学习时长有明显增加。

2. 教师互联网学习的应用导向愈发凸显

调查结果显示，在 2020 年教师教育领域互联网学习发展模型的 4 个一级维度中，教师互联网学习应用的水平指数为最高，达到 3.80 分。与此同时，在 14 个二级维度中，水平指数排列前五位的二级维度，都属于教师互联网学习应用这个一级维度。可见，具有较好的应用性是教师互联网学习发展的重要特征。与此同时，调查结果还显示，与教学内容相关的信息是教师上网学习最关注的内容，教师互联网学习的内容与其教育教学工作有着非常密切的关系，这也进一步彰显了教师互联网学习的应用导向。

3. 教师互联网学习的精准服务备受重视

2020年，吉林省依托国培和省培项目，建立“1+N”帮扶工作机制，构建双师互动研修模式，实施精准帮扶。奥鹏教育充分发挥已有的中小学教师在线培训实践经验和优势，整合技术与资源，升级平台服务支撑体系，构建“云端”跨校学习共同体，为贫困县教师专业成长提供全方位服务。湖南省吉首市为切实提高教师的现代信息技术素养，通过实施《吉首市信息技术与学科融合三年规划》，让信息技术与学科融合从规范到精益最终达到专业化的质的提升。可以说，满足教师专业发展需求的互联网学习精准服务正受到各级部门和各类机构的高度重视。此外，调查结果显示，通过学习平台为教师智能推送学习资源的服务已经开始悄然兴起。

4. 教师互联网学习的设施设备更加便捷

调查结果显示，2020年教师进行互联网学习时没有特定场所的占比为23.1%，比2018年和2019年分别提高3.8%和2.4%。可供教师开展移动学习的场所进一步增多，学习更加便利。此外，2020年把智能手机作为最常用设备进行互联网学习的教师占比达到55.0%，比2019年增长了19.3%，以智能手机为代表的移动学习设备在疫情期间的优势进一步显现，并代替台式计算机一跃成为教师开展互联网学习的最主要设备。由此可见，随着移动学习场所的增多和移动学习设备使用的普及，教师互联网学习的设施设备变得越来越便捷。

第8章 人工智能教育领域互联网学习发展

人工智能不断改变着教育的发展，教育的发展也在反哺人工智能科学理论的进步。2020年随着《普通高中信息技术课程标准(2017年版2020年修订)》发布，以及新课标教材的教学实施，以人工智能为学习内容的人工智能课程教育有了进一步发展。2020年疫情期间的大规模在线教育实施中，典型技术和典型应用进一步彰显了人工智能在教育领域的价值。基础教育场景中，因师资不足、师资水平差异、教育资源供给与需求不匹配等问题，以人工智能技术对各教育场景中的学生进行认知、理解、决策，可以精准支持学生的个性化发展，提升教育均衡。

基础教育场景中学生学习过程介入人工智能技术，可以在多个场景与环节中辅助教师对学生进行用户画像，以弥补师资不足和差异问题，如图8-1所示。

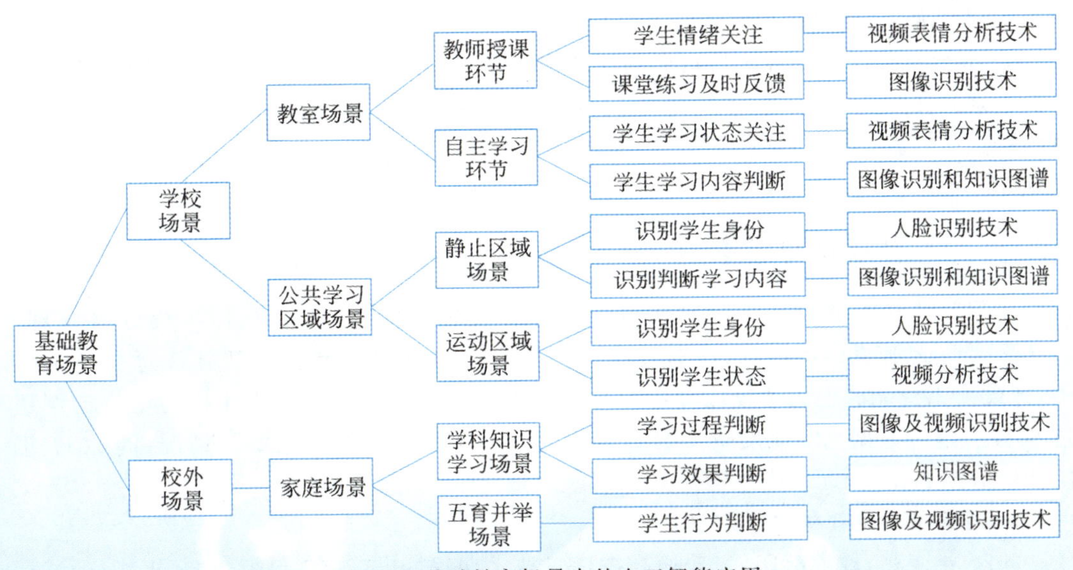

图8-1 基础教育场景中的人工智能应用

8.1 年度特征

人工智能技术的发展推动着社会的变革，这也决定着未来人才培养体系的变动。在2020年政府工作报告中，“新基建”一词被首度提出，“发展工业互联网，推进智能制造”是未来的核心趋势，而教育正是保障“新基建”有效稳步落实的基石，因此未来人工智能教育与人工智能赋能教育的改革将持续发展，其主要包含人工智能推动人才培养和人工智能助力教育赋能两个方面。

8.1.1 人工智能推动人才培养

以人工智能作为学习内容的人工智能教育也将持续培养人工智能人才。2020年12月7日，由联合国教科文组织、中华人民共和国教育部、中华人民共和国联合国教科文组织全国委员会共同举办的国际人工智能与教育会议在北京开幕。会议以“培养新能力 迎接智能时代”为主题，探讨智能时代人类需要具备的核心素养，研究未来教育发展战略和育人方式。

8.1.2 人工智能助力教育赋能

受到新冠肺炎疫情的影响，2020年年初学校开始探索“停课不停学”的新样态教与学模式，人工智能赋能教育领域的应用得以在这一特殊时期快速进入校园之中，具体的教育应用为人工智能实现个性化教学、人工智能技术助力校园管理。

8.2 基于课程的人工智能教育发展状况

经过2017—2019年的铺垫，2020年人工智能教育进入快速发展期。在中国知网(CNKI)以“人工智能教育”为主题可以检索到文献4087篇，其中2020年发表的文献共计903篇(截至2020年12月8日)；聚焦到课程方面，在中国知网以“人工智能课程”为主题可以检索到文献729篇，其中2020年发表的文献共计156篇(截至2020年12月8日)；继续聚焦基础教育领域，在中国知网以“基础教育”及“人工智能课程”为主题可以检索到文献383篇。

8.2.1 人工智能课程及教材

在国家教材委员会指导和统筹下，中小学教材实行国家、地方和学校分级管理。2020年受新冠肺炎疫情影响，在本项目组进行的全国范围内调研的基础教育百所学校中，开设人工智能课程的学校比例约为46%，高中阶段实施人工智能课程的学校比例超过65%。这一数据真实地反映了中小学开展人工智能课程教育的实际情况，同2017年的调研数据相比，验证了中小学对人工智能教育逐步厘清内涵的进步状况。

1. 国家课程及教材

2020年6月，教育部印发《普通高中信息技术课程标准(2017年版2020年修订)》，其中关于高中阶段人工智能课程的整体定位、发展方向、课程实施、所需课时等要求，较《普通高中信息技术课程标准(2017年版)》无明显变化，保持了人工智能教育在高中阶段实施的延续性。现阶段在国家层面未出台相关义务教育人工智能课程标准的情况下，高中阶段人工智能国家课程多以必修或选修的形式在信息技术课程中开设并实施，合计比例超过60%，其中必修课程比例最高为37.7%，选修课程比例为24.6%；初中阶段和小学阶段多以兴趣课或竞赛类(社团)课程形式开设并实施，小学阶段合计比例略高于初中阶段，其中初中阶段兴趣课程比例为37.75%，小学阶段比例为39.09%。从人工智能课程教学内容的安排来看，在高中阶段开设人工智能国家课程的学校中，人工智能算法原理占据了主要的位置，约占 84.22%，其次为智能体验（57.09%）、程序设计（40.11%）和硬件搭建（20.52%）。

2. 地方、校本课程及教材

2020 年，在各地教育行政部门相关指导文件和积极推动下，部分区域人工智能地方、校本课程及教材的教学实施效果显著。初中阶段和小学阶段教师对于支持人工智能教育进入中小学的积极性分别为 50.27%和 47.96%。其中，高中阶段部分学校以选修课程方式注重培养学生的人工智能跨学科能力，初中阶段和小学阶段注重培养学生的人工智能素养，整体表现为从过去注重“教什么”到“怎么教”逐渐向“教得怎么样”过度的现状，人工智能教育呈现出了丰富化。

8.2.2 人工智能教育活动及测评

人工智能教育的核心是培养学生运用人工智能技术创造性地解决生活中问题的能力。为了达成这个培养目标，除了课程方面的发展以外，教学实施层面教师的培养及学生的学习评价同样重要。

1. 教师培养及测评

在 2020 年 2 月 26 日教育部办公厅印发的《2020 年教育信息化和网络安全工作要点》中提出，通过开展人工智能相关教学与师资培训。2020 年越来越多的区域开始实施人工智能教师培养计划，然而，通过对部分学校教师调研发现，对于“您的学校是否有教师参加过人工智能师资培训”这个问题，其中明确表示参与过的教师仅占 23%。而在“制约学校开展人工智能教学”众多因素的调研中，“没有稳定的教师培训活动”与“没有便于学生学习人工智能原理的实验平台”排名并列第一，约占 21%。此外，“缺乏交流教学经验的教研活动”与“没有共享教学经验的教研平台”两个因素均占比 16%，由此可知，针对人工智能教师教学能力的培养与提升仍然十分艰巨。

2. 学生交流活动及测评

2020 年，国家教育部、各省市教委、中国科协等重要部门开展了形式多样、主题多样的人工智能教育活动，这些活动所涉及的相关知识内容以及实践能力培养内容较为丰富，适合于不同年龄、不同能力水平的学生参加，具有前瞻性和趣味性，深受学生们欢迎。然而结合 2020 年度学生问卷数据，可以发现目前仍有 75%的学生未参与过人工智能的相关竞赛。

8.2.3 人工智能教育支撑环境

追溯人工智能教育经过这几年的发展可以发现，在政策上，开始提出建设人工智能样板实验室，保障课程的环境条件；搭建教学成果交流平台，保障教师交流；发布课程包与支持服务系统并推广应用，保障学生学习。通过对学校调研分析可以发现，在“制约学校开展人工智能教学”的众多因素中，“没有便于学生学习人工智能原理的实验平台”这一因素排名最高，约占 21%，人工智能学习平台尚存在较大发展空间。此外，“没有共享教学经验的教研平台”这一制约因素占 16%，针对教师教学能力提升，除了需要组织稳定的教师培训活动及交流教学经验的教师交流活动以外，共享教学经验的教研平台同样十分重要。针对“在人工智能课程开展过程中，最欠缺哪类环境”的调研数据可以发现，“便于学生学习、教师教学的人工智能学习平台”最欠缺，约占比例为 35%，认为最欠缺内容为“共享教学经验、教学资源的教研资源平台”的人员比例约为 26%，而认为缺乏实物教具的教师比例占 16%。由此说明，构建多位一体的软件平台体系，成为持续保障人工智能教育落地的重要趋势。“在人工智能课程开设过程中，最欠缺哪类环境”的调研中，认为最欠缺的为“配备专门 AI 设备的专用人工智能教室”人数占比 23%，因此，人工智能实验室的标准建设仍然十分重要。

8.3 人工智能助力教育赋能发展状况

基础教育的学校、校外各个系统中，有一系列教育场景，人工智能可以促进现有教育场景中教育教学效果的提升。从学校整体发展层面可以看到，现有学校的各级教育管理与教学部门的工作场景协同配合，是学校正常运行的基本保障，如图 8-2 所示。在各工作场景中以人工智能技术改善和提升教育效果，可以充分挖掘现有教育潜力，实现信息化时代的教育变革。2020 年新冠肺炎疫情期间线上教育蓬勃发展，借助人工智能提升在线教育平台的认知理解能力，有效改善了线上师资不足造成的对学生关注不充分问题，从基础教育的各个场景实施出发，实现了人工智能助力教育赋能。

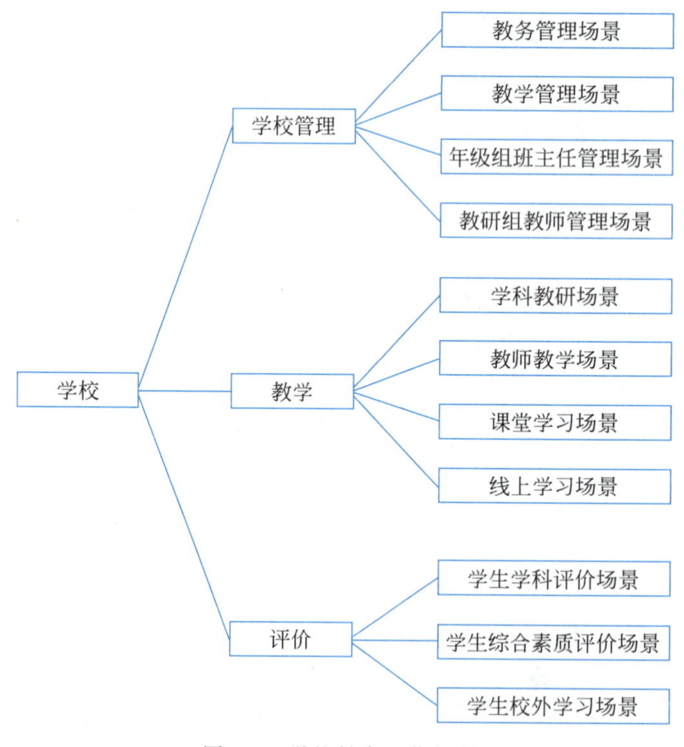

图 8-2　学校教育工作场景

8.3.1 学校人工智能应用场景

人工智能对学校教育的影响主要体现两个方面，即既有对当前教育体系的改善与提升，又有面向学生个性成长与创新发展，呈现出对教育体系的重构。学校教育在运行模式中呈现了多个维度协同运作的场景，在各个场景中以人工智能技术提升现有的教育教学效果，以人为核心推动教育工作开展，能够有效改善校际间管理能力差异、教师能力差异等问题，更有利于促进学校全面发展，提升教育均衡化水平，如图 8-3 所示。

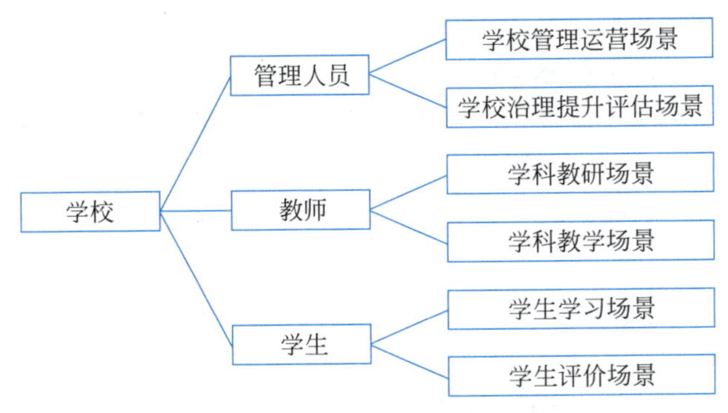

图 8-3　学校以人为核心的教育场景

1. 学校教育管理与治理

人工智能时代下的学校教育，更需要回归教育的本质，借助当前先进的教育技术革新提升教育理念，改变教学管理手段，显著提升教育治理水平，让管理服务更聪慧，促进教育治理能力和治理体系现代化。立足教育大数据的人工智能，通过教育教学过程的数据采集、建模、智能分析和系统化的分析，实现教育教学决策的科学化、资源配置的精准化。

学生阅读素养培养场景。数字化阅读平台等信息技术已经成为助力学校教育管理提升的有效工具，人工智能技术支持更多教师做好教学数据的持续跟踪，实现学生学习情况的认知与理解，参与项目研究的改进优化，促进教师专业水平的进步发展，对于整体教学质量的提升有着极大帮助。

2. 学科教研与课堂教学

学校教育中，针对学科的教学活动是学校的基础工作。以学科教研提升教师教学水平，以课堂教学落实学生的学科知识学习，这一传统的学校运行方式普遍被一线学校和教师所接受。但校际水平差异和教师水平差异是当前一线教学场景中普遍存在的问题。人工智能技术通过判定教师和学生的个体特征，可以有效支持学校大班教学的个体关注，并支持教师个人教学能力和学科认知的全面发展。

（1）教师个体和教学效果提升的线上教研场景。基于人工智能的智能模拟和语言图像理解技术，对活动直播的图文声可进行实时捕捉和智能分析。人工智能技术可准确识别出学生举手、阅读/书写、听讲、注意力不集中等多种动作，高兴、惊讶、正常、困惑等各种表情，基于定期数据采集的统计信息，对当前教室学生的课堂行为和学习氛围进行评价。同时结合教师在课堂所讲解的知识点，静态分析不同时间段学生对教师所讲解的对应知识点的掌握情况。通过一系列学生在学科学习中的表现，评估班级与学生个体对该学科的学习掌握程度。

（2）人工智能应用助力小学英语学科课堂教学场景。通过移动互联、3D动漫、精准语音识别、大数据分析等多项技术应用，构成数字化的、多平台的综合移动互联学习系统，利用人工智能将“云概念”植入英语教学与学习模式，实现师生课前准备、课堂教学与课后学习各个环节的互通、互动，创新教与学模式。人工智能赋能下的智慧课堂，能让学生的智慧得到张扬，人格得到完善，生命得以饱满，让孩子们能自由地在英语的环境下茁壮成长。

3. 学生学习与综合评价

人工智能的认知与理解技术，能够实现学生学习中的个性化诊断、个性化关注，以基于人工智能技术实现的学生画像产生学生综合评价，能够支持学生全面发展，落实教育的全面育人功能。

（1）支持学生个性化特点的学习场景。优质教学内容依托人工智能、大数据挖掘和云计算技术，替代线下课堂中需要人工参与或干预的教学活动，实现稳定高质量的教学效果输出，突破传统教学场景边界。通过合成多种教具与学生进行互动，将抽象概念具象化，提升学生的学习兴趣。借助面部捕获、图像识别、语音识别、语义理解等技术手段，实现课堂情况量化分析，帮助教师因材施教，帮助家长及时了解孩子的动态。

（2）人工智能技术评价学生阅读场景。学校的阅读课程与人工智能紧密整合为一体，形成“人工智能赋能阅读”课程的新模式。运用人工智能测评系统，针对阅读的三个层次进行检验，即“是否读过”“是否读懂”“是否读深”。通过跟踪记录学生的阅读过程，知悉学生阅读过程中的障碍所在，针对学生的阅读障碍“对症下药”并及时反馈，并为学生打造专属学习计划，使得学生能够及时调节自身学习过程，化被动阅读为主动阅读。这种测评结果不仅能对全班学生的阅读能力有一个宏观的把握，也可以以某一个学生为单位，了解每一个学生的阅读能力。

8.3.2 校外学习智能赋能场景

学校以外的教育主要功能包括校内教育的补充和学校教育内容的扩展。2020年疫情期间的学生在居家学习中，校内教育的缺失带来学校教育发展的不均衡性与不全面性。以人工智能技术支持的校外教育可以根据学生学习的认知、理解，判断学生的学习缺陷和学习发展需求，在学生与教师不能见面沟通的前提下，实现基于人工智能平台的个性化和定制化学习，并提供学科教育之外的素养提升类学习资源，从学生核心素养的维度出发，对学生实现学生测评、用户画像、资源推送，实现五育并举的全面发展，如图8-4所示。

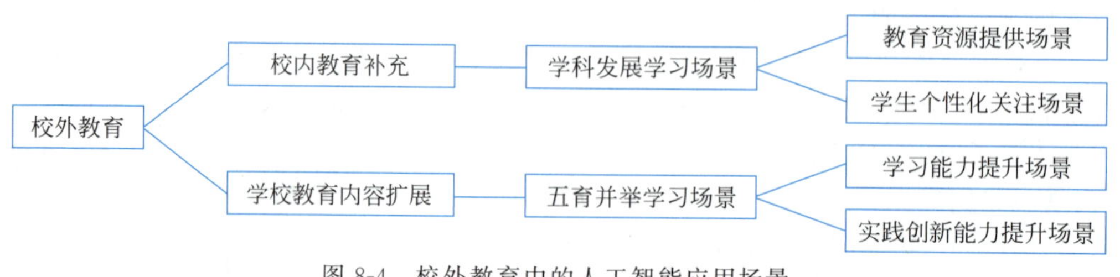

图8-4　校外教育中的人工智能应用场景

1. 学科发展类的学习场景

人工智能技术能够支持包容和无处不在的学习访问，有助于确保提供公平和包容性的教育机会，促进个性化学习，并提升学习成果。人工智能赋能校外学习，主要显著体现在两个方面：一方面是优质资源的大规模快速普及；另一方面是千人千面的大规模因材施教。

（1）人工智能匹配优质教育资源应用场景。2020 年疫情期间，基础教育领域在线学习系统免费向社会开放，系统将名师制作的优质资源进行精确标记，结合人工智能判断用户需求，根据用户精准画像推送适合学生的优质资源。疫情期间，在线学习系统的优质资源有效补充了学校教育缺失的师资不足问题，以及各地教师师资能力差异问题。

（2）校外支持学习内容的个性化学习场景。多项 AI 技术支持了缺乏教师直接参与的学生测评，以学生测评画像支持个性化定制学习，其中覆盖了“教、学、练、测、评”全部教学场景，如 AI 英语情景对话、AI 拍照判题、AI 作文评价、AI 知识点推荐、AI 教管等。

2. 素质素养类的学习场景

智能时代对适应未来的学习者的培养目标提出了新要求，记忆、复述等初级的信息加工任务将更多的由机器代替，学生将不再是满足于低阶认知技能的获得，更多的重心将放在深层知识和高阶认知能力的习得方面。教育也不仅是“传道授业解惑”，还需要感情的投入来教会学生如何做人，塑造学生优良的品质，其中包括终身学习能力素养和实践创新能力素养。

（1）智慧博物馆 AI 应用的场馆学习场景。在网上虚拟展厅中，借助数字化档案，通过人工智能技术实现的智能导览，与票务结合获取参观者一些非隐私性的信息数据，如性别、年龄，喜好等，结合人工智能的认知理解和用户画像，综合分析判断不同参观者的不同展览喜好，打造观展的智能个性定制服务，包括个性化的参观路线、虚拟现实导览、智能交流互动等，提升参观者的学习能力，进一步增强教育的实践性。

（2）基于展示活动的人工智能创新应用场景。中央电化教育馆的“2020 年第二十一届全国中小学电脑制作活动”开始增设了人工智能项目，提出要求：“借助人工智能的功能、硬件、算法等，实现对事物的认知、推理、决策等功能”“重在鼓励创新、创意和动手实践，突出观察生活和问题解决”。

8.3.3 人工智能助力教育中“人”的作用

人工智能等新技术向人们展示了变革教育的巨大潜能。人工智能赋能教育，让因材施教有了可能。以人工智能赋能教育，在 2020 年呈现了多种技术、产品、模式、案例，并因疫情推动了人工智能技术改变教育信息化样态。但同时也看到，技术具有局限性，人工智能技术尚不能完全替代“人”的认知，所以在教育信息化领域中，使用人工智能技术支持各教育场景时，也要关注教师和学生的“人”的作用。在人工智能环境下，关注人工智能赋能教育中教师的作用、关注人工智能对学生成长的价值、关注人工智能助力下的育人思考，才能将“人”与技术有机结合，实现育人的目标。

8.4 存在问题与发展趋势

8.4.1 存在的问题

在人工智能课程教育中，存在小学、初中阶段缺乏国家课程标准，人工智能课程评价标准不够丰富，人工智能课程教学环境要求与课程评价缺乏结合等问题。

在人工智能技术助力教育赋能中，由于线上教育平台的功能设计，以及学校教育中对学生信息化终端的限制，造成学生数据采集不便，影响人工智能技术对学生的分析；基于学生表象数据的学生分析模型不够丰富，现有数据未能达到像有经验教师对学生的了解和判断的水平，人工智能分析学生的数据模型还需不断丰富和完善。

8.4.2 发展趋势

人工智能课程的发展将逐步实现线上教育资源的系统化，通过线上线下相结合的方式开展，呈现出后疫情时代的特点，其中包括线上自主学习课程和资源逐步系统化、课程难度进一步降低、人工智能课程学业测评和标准进一步完善。

人工智能助力教育赋能发展趋势中，后疫情时代的线上学习会更依赖于平台，基于人工智能的平台或产品将服务于学生个体，形成新型的教与学模式，满足多种场景下关注学生个体的教育需求，其中包括人工智能助力教育的产品进一步落地、人工智能助力居家学习场景学习效果提升、人工智能助力学校教育场景学习效果提升。

第9章 年度互联网学习发展全域分析

9.1 互联网学习整体趋势

2020年，教育信息化进入融合创新阶段，诸多机构及资本进入在线教育领域。疫情期间，人类史上最大规模的在线教育实践让互联网学习进入发展的“快车道”，用户规模高速增长，在线教育呈爆发式增长态势，教学实践硕果累累，推动了更多学习者获得公平、个性化的教学与服务，在线教育与教育信息化相互促进，有力推动了教育现代化的发展。

中国互联网络信息中心(CNNIC)发布的《中国互联网络发展状况统计报告》[①]显示，截至2020年12月，我国网民规模达9.89亿，互联网普及率达70.4%。我国手机网民规模达9.86亿，较2020年3月增长8885万，网民使用手机上网的比例达99.7%，较2020年3月提升0.4个百分点。我国网民使用手机上网的比例达99.7%。使用电视上网的比例为24.0%；使用台式计算机、笔记本电脑、平板电脑上网的比例分别为32.8%、28.2%和22.9%。截至2020年12月，我国在线教育用户规模达3.42亿，占网民总体的34.6%；手机在线教育用户规模达3.41亿。2020年下半年，随着疫情防控取得积极进展，大中小学基本都恢复了正常的教学秩序，在线教育用户规模进一步回落，但较疫情之前(2019年6月)仍增长了1.09亿，行业发展态势良好。

从供给端看，学校网络基础环境基本实现全覆盖。截至2020年11月底，全国中小学(含教学点)联网率为99.7%，出口带宽达到100M的学校占比为98.7%。其中，52个贫困县已实现了学校网络全覆盖，99.7%的学校实现了百兆带宽[②]。疫情之前，互联网学习的应用多聚焦于学校、家长、学生之间的协同，较少涉及课堂内容的输出。疫情期间，国家级、省级、各地政府、学校与第三方及时推出“空中课堂”和主题学习类资源，提供适合学情的任务、答疑与支持，许多在线教育品牌采用人工智能技术辅助教师进行个性化教学，确保学生可以获得良好的学习体验以及高质量的学习内容，满足了学生居家学习的需求。教育部实施“农村教学点数字教育资源全覆盖”项目，深入推进“金课建设”“三个课堂”应用，连续6年开展“一师一优课、一课一名师”活动，优质资源供给和教学应用水平大幅提升，利用信息化手段扩大优质教育资源覆盖面的有效机制基本形成。

从用户端看，疫情期间学习者“自主学习能力”得到重视，通过线上教育获得公平、个

---

① CNNIC发布第47次《中国互联网络发展状况统计报告》[EB/OL]. http://cnnic.cn/gywm/xwzx/rdxw/20172017_7084/202102/t20210203_71364.htm.

② 教育部新闻发布会[EB/OL].http://www.moe.gov.cn/fbh/live/2020/52692.

性化的教学与服务理念，促进了学习方式的变革，推动了教育信息化得以真正向教育创新转变。基础教育、职业教育、素质教育领域互联网学习进程加快，推动了在线教育市场快速增长。伴随在线教育平台积极响应政府号召，更多传统教育培训机构也逐渐扩展线上业务，面向学生群体推出免费直播课程，利用免费开放在线直播系统，并通过本地化教研设计、校外学校与企业合作等方式提供课程与内容服务，使得边远城市及城镇得以接触优质教师及资源，大众对互联网学习的认知和使用率普遍提升。各类在线教育应用加速渗透下沉市场，10年来，教育相关企业的总数从78万家上升到了412万家，在线教育相关企业的总数从15万上升到了70万。各类机构加速布局，在线教育行业呈激烈竞争态势。在线教育行业获得良好发展机会，吸引众多机构及资本进入。2020年1月至10月，我国在线教育企业新增8.2万家，新增占比在整个教育行业中达17.3%[①]，本年度在线教育行业市场规模同比增长35.5%，达2573亿元，整体线上化率为23%～25%[②]。

9.2 互联网学习基本特征

9.2.1 领域特征

2020年各领域互联网发展中全社会聚力所带来的生态化方向迁移，汇聚了社会资源和工具，有效发挥了国家大平台和互联网教育企业的协同作用。关注学习者个性特征的在线教学设计与支持服务推动了互联网学习模式和服务模式的变革，促进了学校的转型和“课堂革命”的发生。用云计算、大数据、人工智能等技术发展为面向学习者适应性、个性化学习环境的建构赋能，由此而带来更加智能化、个性化的教与学环境。各类在线教育典型应用案例和经验推广，发挥了示范引领作用。

学前教育领域，互联网学习资源支撑了幼儿多样化的学习方式与亲子活动。家长、教师和管理者均普遍认可互联网学习对幼儿的帮助与促进作用，在互联网教与学方面，动机与意愿强烈。教师组织有效，家长配合密切，管理者指导与监督有力均使得互联网学习得以有效组织与实施。

基础教育领域，利用数字化校园构建以人为本的智能学习环境，使校园教学服务、管理服务和评价服务更加科学。基础教育阶段师生总体对互联网教与学持积极态度，已基本具备胜任互联网教与学的能力，能够充分利用学校、家庭、社会提供的支持与资源积极促进个人能力发展。学校管理者对互联网环境下的教与学持有积极态度，在政策制定、环境建设等方面能够考虑师生成长，并在实践过程中融入特色。

高等教育领域，基础设施的保障、课程资源的开发和学生互联网学习效果的提高均得到较大发展。在大规模在线教学实践与“金课”建设的双重推动下，混合式学习成为高等教育的新常态。越来越多的高校学生参与在线开放课程学习，各地高校开始了在线开放

---

① 天眼查大数据：2020教育行业发展报告[EB/OL]. http://finance.china.com.cn/roll/20201211/5451925.shtml.

② 2020年中国在线教育行业研究报告[EB/OL]. https://baijiahao.baidu.com/s?id=1689213539567648356&wfr=spider&for=pc.

课程学分认定的探索并取得了实质进展。

职业教育在重点领域已经基本实现数字化，疫情助推互联网学习在职业院校的进程，师生解决了互联网学习“能”的问题，同时也提出了“好”的问题。职业院校主动适应科技革命和产业革命要求，以“信息技术＋”升级传统专业，积极推进国家、省、校三级专业教学资源库建设应用，以多种形式将课堂教学与真实工作场景相融合，进一步扩大优质资源覆盖面。

继续教育领域，稳步推进学历继续教育和非学历社会培训相关业务。依托自身在线教育优势，持续通过互联网学习推进终身学习体系建设。通过不断拓宽互联网教学业务模式，大力推进优质课程资源开发和在线教育平台优化升级，服务社会公益，同时以研促教，推动了继续教育互联网学习研究。

教师教育领域，随着互联网自主学习能力的进一步提高，教师开始关注课程的教学设计与活动设计，以及学生对课程学习、课后学习的连续性体验。在课程中加强爱国主义教育、生命教育和心理健康教育，开展个性化教学、混合教学、探究教学等，促进学生问题解决、知识生成等能力的提升。满足教师专业发展需求的互联网学习精准服务正受到各级部门和各类机构的高度重视，教师在固定办公场所进行的互联网学习部分被移动学习所替代。

9.2.2　区域特征

互联网学习日益呈现出区域层面的特色，即各地区在国家统一的计划下，根据本区域的实际情况，创新区域教育发展机制，通过各种渠道充分利用软硬件资源加速本地区互联网学习进程，打造纵向衔接、横向贯通、全方位、立体化的互联网学习新格局。总体来看，调研的各区域以深入落实立德树人为根本任务，充分利用信息技术和互联网，创新教育理念、内容、形式、方法和手段，积极构建适宜学生发展、关注个性差异的学习环境，探索基于深度学习、大数据、虚拟现实等新一代信息技术应用，并贯穿备课、教学、练习、考试、评价、管理等教学流程各环节。

吉林省秉承“夯实基础、深化应用、协同推进、树立品牌”的发展思路，聚焦互联网教与学实践共同体的推进。其中，教师负责设计开发学习内容、提供学习支持以及组织实施在线教学；学生负责自主开展在线学习，完成学习任务；家长负责监督管理，与教师沟通学生的学习情况；教育管理者负责对互联网学习的整体情况进行规划、组织、监督、指导与评价，有效带动区域、校际互联网学习协同发展。

甘肃省以互联网为支撑，以专递课堂为纽带，通过政府搭台，将师范类院校与薄弱学校的各自需求双向对接，实现了互联网＋师范院校支教。帮助薄弱学校开齐开好国家规定课程，变革与重构农村教学点课堂教学结构，以实现“让贫困山区每个孩子都能接受公平而有质量的教育”为目标，建立了面向偏远农村地区小规模学校常态化“三个课堂”的解决方案。

北京市遵循“多元汇聚、一站共享”的总体思路，建成了公共服务平台和优质数字资源公共服务体系，完成国家、市、区、校各级各类资源体系和资源平台对接。在全市范围持续开展优质教育资源“百千万”汇聚工作，积极吸纳企业优质资源，面向各区、学校教育资源平台开放共享，有力支撑了全市240万名学生和20.2万名教师顺利开展“空中课堂”、课程点播、线上答疑等应用，在线课程资源实现100%覆盖。

深圳市“5G+智慧教育”进入应用探索阶段。通过“5G+智慧教育”综合生态体系、“5G全息沉浸式教室”以及“5G VR/AR未来教室”的建设，实现地区教育智慧环境、智慧学习、智慧教学、智慧管理和智慧服务的建设目标，扩大了名师讲堂的在线传播，让更多的优质资源得到充分共享。

青岛市通过统筹推动、标准引领，为教育信息化提供一流的基础支撑环境，获批山东省人工智能试点市，成为首批与教育部签订共建“一带一路”教育备忘录的城市。先后发布《青岛宣言》《青岛倡议》《青岛声明》，树起了青岛“互联网+教育”的旗帜，一批名师、名校长得到成长。

南京市聚焦多元主体积极推动互联网学习变革，加强省、市、区、校四级联动，为本区、校师生提供适切的在线教与学方式。通过打造自有平台以及将省“名师空中课堂”、市“金陵微校”平台作为重要补充，提供高质量的教学资源。鼓励教学资源丰富的强区、强校对部分薄弱区、薄弱校提供资源支持，积极为学生提供策略技能支持与评价反馈保障，持续采取措施促进学生身心健康发展。

上海市以“空中课堂”为抓手，教师根据每个学生的个性特点进行对应性的授课，通过互联网技术根据学习者的兴趣、学习习惯、学习风格等开展教学，对学生掌握的知识点进行分析，让每个学生都能充分发挥出其个性化特点，“数字学校”和“物理学校”的相互映射构筑了“数字孪生学校”。

天津市创新教育评价工具，利用人工智能、大数据等现代信息技术，探索开展学生各年级学习情况全过程纵向评价、德智体美劳全要素横向评价。依托知识图谱，匹配个性化教学内容，依托学生全域大数据和关联性分析模型，推进基于学生成长数据的个性化指导和有效干预。

温州市教育“数字大脑”建设，汇聚各教育应用系统数据，用先进的统计分析方法对收集来的大量数据进行分析，充分发挥教育数据对教育决策和教学的指导作用。通过规范系统整合和数据汇集，填充教育数字驾驶舱内容，加快了教育治理数字化转型。

9.3 全域互联网学习发展水平指数分析

2020年，对各教育领域学习者互联网学习发展水平指数进行比较，结果如表9-1所示。从学前教育(3.33分)、高等教育(3.49分)、教师教育(3.67分)、基础教育(3.98分)至继续教育(4.29分)，各领域互联网学习发展水平综合指数整体呈现递趋势。与2019年相比，学前教育综合指数排名不变，位于末端，基础教育与继续教育排名有一定程度的提升，其中基础教育涨幅最大，其他领域均有一定程度的下降。多年来，基础教育信息化建设的成果成为开展大规模在线教育的重要基础，国家中小学网络云平台、部分省市网络学习平台、中国教育电视台，以及其他各级网络教育资源平台共筑了此次“停课不停学”的在线学习生态，保证师生能够利用电视、计算机、手机、平板电脑等多终端接收，有力支撑了互联网学习的常态化。

表 9-1　各教育领域互联网学习发展水平指数得分分析

项　　目	学前教育	高等教育	教师教育	基础教育	继续教育
综合指数	3.33	3.49	3.67	3.98	4.29
互联网学习能力(C)	3.15	3.60	3.67	4.02	4.32
互联网学习应用(A)	3.34	3.42	3.80	4.00	4.35
互联网学习支持(S)	3.37	3.52	3.62	4.01	4.21
互联网学习环境(E)	3.43	3.42	3.60	3.75	4.28

从互联网学习能力(C)、互联网学习应用(A)、互联网学习支持(S)、互联网学习环境(E)4 个维度的发展指数上看,各维度发展相对均衡,体现出同步增长的趋势。2020 年全类型、全学段、全员在线教学,使互联网学习的接受度得到前所未有的提升。在新的课程形态中,学生、教师、教学媒体、教学资源、教学内容等要素将彼此融通,教学系统在课程系统的支持下自然形成线上线下的真正融合,从一定程度上促进了互联网学习的均衡发展。整体来看,基础教育需进一步加强互联网学习环境建设;高等教育需进一步提升互联网学习应用能力,关注互联网学习环境建设;学前教育需进一步保证幼儿科学、健康应用互联网工具;继续教育需进一步提升对"时空分离"学习者的学习支持,打造更为有效的个性化学习环境;教师教育需进一步强化学习环境建设,继续促进对教师的学习支持。

互联网学习能力随着学段升高持续增高。2020 年,对互联网学习能力的调查结果显示,得分最低为学前教育(3.15 分),其次为高等教育(3.60 分)、教师教育(3.67 分)、基础教育(4.02 分)和继续教育(4.32 分)。由此可见,互联网时代信息获取的成本越来越低,但获取知识的成本越来越高,对学习能力的要求也越来越高。信息来源渠道的多元性需要学习者能够在多重观点和概念中发现连接、识别范式和创建意义。要注重培养学生学习和思考的思维品质以及自主、自强的个性特质,使其成为有目标、有自我导向学习能力以及有反思意识的主体,积极地投身到互联网学习过程中,以使其适应未来社会的变化。教师不仅要关注教学计划内的知识传授,还要帮助学生能动地参与到知识的意义建构中,为学生提供更多主动学习的机会,促进学生自主能力的提升。

学生互联网应用水平随着学段升高呈现上升趋势。2020 年,对互联网学习应用的调查结果显示,互联网应用最低分是学前教育(3.34 分),其次为高等教育(3.42 分)、教师教育(3.80 分)、基础教育(4.00 分)和继续教育(4.35 分)。互联网学习应用水平是学习投入、学习意愿和学习效果的综合表征。随着学段的升高,学习需求呈现出多元化特征,互联网学习动机与学习体验也随之增高,自身能力水平较为自信的学生会有更多时间投入学习中,其学习态度更为积极,深度学习、反思性学习得到较好运用。

互联网对学习者的支持作用随着学段升高而不断增强。2020 年,对互联网学习支持的调查结果显示,得分最低的为学前教育(3.37 分),其次为高等教育(3.52 分)、教师教育(3.62 分)、基础教育(4.01 分)和继续教育(4.21 分)。有效的支持服务是确保互联网学习质量的关键,其核心在于提供优质的学习支持服务与社会性支持服务。对于学前教育,互联网学习支持主要体现"人"的环境与"料"的环境两方面，疫情期间的使用体验一定程度上限制了学龄前儿童互联网学习支持，需要加强对幼儿资源、软件与电子设备的开发；对于基础教育，中小学生正处于认知发展的成长期，学生需要更多的社会化活动促进认知发展，需补充、拓展或定制学习资源，让精准、个性化的教学服务成为可能；对高等教育，伴随"金课"与开放课程的深入应用，以及对高校智能化学习环境的创新引领，使得大部分高校生已具备较好的互联网学习能力，互联网学习日益成为高等教育的有机组成部分；在职业教育领域，互联网学习呈现智能化与在线虚拟仿真应用的趋向；教师教育和继续教育领域，互联网学习支持随着互联网技术的发展和应用模式的升级获得了长足的发展。

9.3.1 技术赋能全媒体在线学习生态

互联网学习很大程度上会受到技术的制约，技术赋能是互联网学习开展与应用的前提。近年来，随着互联网技术的迅速发展与在线教育投入的持续加大，互联网学习平台数量与种类不断增长，功能日益丰富与完善。2020年，各类在线课程平台、远程直播平台、广播电视平台、空中课堂平台、课堂互动平台、智能学习系统、远程协作平台、虚拟仿真实训平台等多通道传播，构建了应对此次"停课不停学"的全媒体资源生态。互联网学习过程中涉及的活动逐渐得到了功能与之对应的学习平台的支持，如答题、互动、投票、测试、分享等。互联网学习平台不仅包括专门针对教育场景设计的平台，也包括一些原本服务于工作、社交场景的通用平台，因高容错、强伸缩和广覆盖以及与互联网学习的需求高度契合的特点，在教育场景中得到了较多应用。这种全媒体学习生态架构，能够照顾到全国各省市地区，特别是农村地区和偏远贫困地区。

在教学组织上，借助互联网、云教室、移动终端等开展形式多样的教学和辅导活动，满足了学生的个性化学习需求。大规模、跨区域的网络教学团队，以线上线下融合的模式开展教学，为学生提供了灵活、便捷的大规模学习支持服务，改变了实体学校间的组织方式。从形式上看，尽管语言类、知识性学习资源内容是最常见的资源形式，与前几年相比，体感游戏类、科学素养类、诗词国学类、急救生活类课程资源使用比例有了明显提升，运动类等具身性学习资源开始受重视。疫情让教育者和管理者认识到数据在互联网学习中的价值，基于"过程性数据"的精准教学成为教育教学赋能的一大核心优势，人工智能、学习分析技术为学习者精准提供满足个性需求的学习内容和有力的学习支撑。例如，应用语音识别与情绪识别的应用，以判断学习活动的趣味性和效果；依托学习分析技术，持续收集学习过程及结果的关键信息，支持教师展开精准学情分析，改进教与学的方式，为学习者综合素质评价提供支持；应用语义分析、机器学习等智能技术，建立智能支持服务平台和知识库，为学习者提供智能学伴与个性化咨询服务。

互联网学习场景的复杂与多样化对基础设施与设备条件提出了更高的要求。这也意味着基础设施与设备的建设并不能一劳永逸，应随着技术发展及时升级换代。基于5G网络、数字孪生、物联网、虚拟现实技术等新一代信息技术在互联网教学中有着越来越广泛的应用前景，在线教育领域的诸多"痛点"有望得到解决。技术赋能全媒体在线学习生态，让教育更好地与互联网融合，加快了教育公平和教育现代化的推进。

9.3.2 互联网学习样态日益多元

疫情期间，面对“停课不停学”的要求，线上教学成为学校教育的重要选择，创造了几乎覆盖全体教师的线上教学样式。教师积极利用多种类型的平台工具来支撑教学的开展，形成了一些特定的组合模式，互联网学习样态表现得更为多样。例如，采用 MOOC、SPOC 的教学方式，同时建立学生答疑群以辅助课程开设；提供在线直播课堂、网络点播教学、学生自主学习、电视视频学习、集中辅导答疑展开课程学习；利用云教室和双向视频系统开展多终端移动教学和直播辅导课程。这些新的技术手段、平台和交互手段相互结合，不仅方便凝聚优质资源，也拓展了优质资源的大面积辐射，推动了学习方式的革新。

基于腾讯会议、ZOOM 等通用工具开展交流研讨、学术讲座，已经成为线上交流的新景观，成为很多研究者的新习惯。2020 年的互联网学习实践让社会各领域充分认识到在线教学的巨大价值，同时也对技术与教学的关系有了更深层次的讨论。教师对互联网学习已经有了基本的认识，并积极尝试转变传统教学方式和理念，其关注主题包括“创新性评价和数据治理”“代表性学习环境”“互联网学习典型应用场景”“创新型教学模式”“疫情期间在线教学”等类型，上述研究与实践为后疫情时代教育的改革与重塑奠定了基础。聚焦育人方式改革的需求，以更专业的课程与教学设计，推进“线上线下相结合”的育人体系，建立“公平而有质量的在线教育”成为互联网学习朝更高水平发展的价值目标。

9.3.3 师生信息素养进一步提升

2020 年线上教学进程的推动，改变了教师的教学方式和学生学习的方式，提高了教师运用信息技术的能力。疫情期间，一线教师在经验与能力相对欠缺的情况下，承受了“在线教学”快速组织与开展的巨大压力，在短时间适应并发挥了在线教育的应有优势。调查结果表明，教师自主上网学习时长的增加程度与其开展互联网学习的意愿高度相关，越是愿意开展互联网学习的教师，其互联网自主学习的时长增加就越明显。教师上网获取资源的自主性特征十分明显。整体来看，教师自主学习时长有明显增加，且多关注与教学内容相关的信息与内容，这进一步彰显了教师互联网学习的应用导向。广大教师在在线教学的同时，关注学生身心健康与行为习惯养成，引导学生合理有效地开展居家学习，在培养学生形成正确的世界观、具有爱国爱民的奋斗品质以及家国情怀方面做出了持续的努力。对教师可提供在线教学设计理论指导、在线教学教研和在线教学工具使用等支持服务成为教师互联网学习的热点问题和前沿趋势。教师进一步提升学科教学专业水平，提升教学理论、教学设计和教学方法等方面的专业技能，会进一步推动教师互联网学习能力的提升。

9.3.4 在线教学新常态端倪初显

2020 年全国性、全体系的在线教学实践，保障了较高层次的互联网学习水平。越来越多的学校开始将在线教学纳入日常课程体系中，并尝试探索基于线上智能环境的课堂教学，以实现更高目标的教育培养和产出。发达地区部分学校已经处于线上线下的融合阶段，正在处于探索创新发展阶段。欠发达的乡村地区，强化了在线教学对教育的辅助作用，借助发达地区开发的优质课程资源，使农村地区的孩子也能够享有同样优质的资源，从而降低教育成本，提高教育质量。总体来看，我国互联网学习依然存在较大不平衡性，教育服务的可获得性和内容质量仍有较大提升空间，实现偏远地区的普惠教育仍任重道远。

师生在固定办公场所进行的互联网学习部分被移动学习所替代，以智能手机为代表的移动学习设备在疫情期间的优势进一步显现，成为师生开展互联网学习的最主要设备。在线直播被应用到教育场景之中且被更多人接受，短视频平台和网络公众媒体也开始在互联网学习领域发力，有潜力成为全民教育乃至于终身学习的重要形态。随着在线教育知识产权保护、内容监管、市场准入等制度的完善，各类知识付费平台、知识服务机构不断推出新的服务形态，知识订阅、社区问答、直播推送、音频听书等"短、平、快"的互联网学习形态将获得更大规模的参与群体。

2020年世界范围内的在线教学，以前所未有的速度让全球师生开展了一次全面在线教学的实战演练。此次大规模在线教学是教育系统应对重大突发公共卫生事件的一次"紧急响应"，同时也孕育着教育发展的未来。疫情期间的互联网学习带动了全社会对互联网改变教育的关注，使师生对互联网教育的认识产生了变化。从目前的教学实践来看，在线教育除了可以解决居家隔离时教育教学的困难、共享优质教育资源之外，互联网和相应的技术已具有制度性与文化性的特征，已经或者正在改变着现有的教育组织体系与教学流程，成为全新的育人空间。互联网学习已经从双向互动迭代发展到个性化和智能化的阶段，线上线下融合（OMO）的概念引发了各界的广泛关注与探索，逐渐成为描绘下一阶段互联网学习的显著特征。如果将新冠肺炎疫情的出现视为分界线，全球的在线教育可分为"前疫情时代的互联网学习"和"后疫情时代的互联网学习"两个阶段，人类将全面进入"双线教学"时代，即"线上教学与线下教学混融共生"的教育新常态。

第 10 章 年度互联网学习发展中的关键问题和发展趋势

10.1 关键问题

2020 年 11 月，党的十九届五中全会通过的《中共中央关于制定国民经济和社会发展第十四个五年规划和二〇三五年远景目标的建议》，明确了“建设高质量教育体系”的政策导向和重点要求。高质量发展成为教育改革的核心任务。围绕高质量发展这一核心，2020 年互联网学习在环境建设、实践应用、能力发展以及支持服务等方面取得了新的进展，特别是为应对疫情带来的停课危机而开展的大规模在线教学实践，取得了突出成果，进一步推动了互联网学习在各领域的深入应用，并逐步增强了人们对互联网学习的信心。虽然 2020 年互联网学习发展取得了积极成效，但从全面助力教育高质量发展的角度，还存在一些比较突出的问题，主要体现在以下几个方面。

10.1.1 互联网学习环境要素有待优化升级

基础设施、设备、学习平台等环境要素是互联网学习得以顺利开展的基础保障。随着云计算、物联网、5G、大数据、人工智能等信息技术的迅速发展，互联网学习环境建设也正在向数字化、智慧化方向发展。纵观 2020 年各领域关于互联网学习环境建设的研究发现，互联网学习环境，一方面能够为互联网学习的开展提供较为有力的支撑，但另一方面也存在着网络不通畅、经常或时而卡顿，无线网络校园覆盖率较低，智慧教室、虚拟仿真实训环境等空间建设比例较低，信息化教学设备较为老旧，智能化设备部分试点、尚未规模化普及，学习平台不稳定、部分功能不健全、不能够有效支持师生之间、生生之间的合作交流等方面的问题。由此，互联网学习环境对互联网学习的支持能力有待进一步提升，助力教育高质量发展的互联网学习基础设施、设备、学习平台等环境要素有待优化升级。

10.1.2 互联网学习资源供给有待补充加强

高质量的互联网学习资源是互联网学习优势得以发展的重要前提。《教育信息化 2.0 行动计划》明确指出，“要完善优课服务，发挥‘一师一优课、一课一名师’示范引领作用，形成覆盖基础教育阶段所有学段、学科的生成性资源体系，升级职业教育专业教学资源库建设，丰富职业教育学习资源系统。提升慕课服务，汇聚高校、企业等各方力量，提供精品大规模在线开放课程，达成优质的个性化学习体验，满足学习者、教学者和管理者的个性化需求。”基于 2020 年各领域互联网学习内容与资源支持情况的研究可以发现，获取免费、优质和最新资源仍然是学生开展互联网学习过程中面临的突出问题和挑战。支持学生开展自主学习和探究学习的资源无论在类型上还是体量上都相对缺乏。学生对于学习资源的需求还没有得到充分满足。为此，有必要集合多方力量，进一步加强互联网学习资源建设，补充与加强互联网学习资源供给，构建完善的互联网学习资源体系。

10.1.3 互联网学习相关能力需要及时提升

教师互联网教学能力、学生互联网学习能力是师生有效开展互联网教学、学习的关键前提。《中共中央 国务院关于全面深化新时代教师队伍建设改革的意见》明确指出，教师主动适应信息化、人工智能等新技术变革，积极有效开展教育教学。《教育信息化2.0行动计划》指出，要加强学生信息素养培育、大力提升教师信息素养。针对各领域师生互联网学习能力的调查发现，互联网教学设计缺乏多样性、遇到的技术问题不能够顺利解决、不能够熟练掌握支持教学的技术工具、不能够熟练制作个性化、多样化教学资源来满足教学需求，不能够充分利用大数据开展精准教学评价等是教师开展互联网教学过程中所面临的主要问题；注意力难以长时间得以保持、遇到的技术问题不能够顺利解决、不能够利用互联网资源与信息解决复杂问题、不能够有效组织、存储和检索互联网信息与资源、受到网络不良信息的干扰和影响等是学生开展互联网学习过程中所面临的主要问题。为更好顺应“互联网＋教育”的发展趋势，把握互联网学习助力教育质量提升的机遇，师生的相关能力需要得到及时提升。

10.1.4 教师专业发展需要全面支持

教师是互联网教学变革顺利推进的关键角色，在很大程度上决定了互联网学习能否实现高质量发展。此次疫情期间，教师迅速完成了传统教学与线上教学之间的转换，顺利实现了“停课不停学”，表现出了对互联网教学的较强适应能力。但与此同时，教师在互联网教学过程中仍然会遭遇一些问题与困难，需要通过相关的专业发展活动来解决。并且，教师在互联网教学的多样性探索与创新性突破方面也离不开专业发展活动的支持。从调查结果来看，学校已经认识到互联网教学在实现教育高质量发展方面扮演的重要角色，并为教师提供了多种鼓励与支持政策，营造出良好的互联网教学改革氛围。不过，教师所需要的支持不止于此。现有的专业发展支持还无法充分满足教师的实际需求，教师在开展互联网教学中面临的一些问题还没有得到彻底解决，如专业发展活动类型多样性缺乏，主题和内容与本地教学实践不够贴近，工学矛盾突出，使得教师缺乏足够的时间、精力深入探索互联网教学等。教师互联网教学专业发展还需要得到更加全面的支持。

10.1.5 互联网教学与学习应用有待改进

互联网教学与学习应用是推动信息技术支持下教育模式变革和生态重构的重要抓手。以应用驱动创新，在此基础上实现教育领域的深层次变革是互联网学习发展的重要目标。基于上述观点，互联网教学与学习应用水平决定了互联网学习发展的水平。受基础设施、学习资源、支持服务、相关能力等多方面因素影响，互联网教学与学习应用还不够完善，互联网学习质量目前尚未得到师生的充分认可。虽然接受调查的师生对互联网学习的效果整体持肯定态度，但也有相当数量的教师持中立态度。针对上述现象，有必要对互联网教学与学习应用当前存在的问题做进一步探索，针对性地改善互联网教学与学习应用水平，实现新的突破和创新，让广大的师生群体满意。

10.2 发展趋势

10.2.1 互联网学习与线下教育融合发展

2020年，新冠肺炎疫情阻断了学校正常开学，线下教学暂停、在线教学快速补位，促进了互联网学习的普及与发展，在线教育各场景体验在短时间内得到了提升。加之AI、5G等前沿科技迅猛发展，网络空间、物理世界、人类社会将会实现人、机、物三元融合，形成数字孪生，现实世界在虚拟空间中实现完整映射。在全国各地“停课不停学”的助推下，互联网学习将与线下教育融合发展，形成基于数字孪生的新场景。构建虚实融合的新形态学校，可能成为未来的发展趋势。每所学校将会拥有一个孪生的数字空间，凝聚成一所虚拟学校，它将与现实学校互为补充，惠及每一个学生。

10.2.2 数智融合实现互联网学习智能升级

随着大数据、物联网、数据挖掘、云计算、拓展现实、数字孪生及人工智能等新兴技术在教育中的广泛应用，基于AI技术的数据个性化、智能化也正在掀起一场互联网学习革命。人工智能作为一种增能、使能和赋能的技术，能够把语音识别、视觉计算、可穿戴技术、情感技术、机器学习技术、智能挖掘技术等，通过创设应用场景嵌入或融入教育中。沉浸式体验为学生提供丰富有趣的学习环境，身临其境的临场感、有效直观的自我操作，提高学生的学习兴趣，提升教育资源质量。AI赋能将催生教育学范式大变革，融合现实催生具身认知新突破。“学习科学”也将成为未来计算教育时代互联网学习的研究重点，它利用人类科学中的多种理论观点和研究范式，实现对学习、认知和发展的属性及条件的理解。学习科学的背后是人们对于人类认知世界的再认知，所以利用学习科学的理论知识，根据收集到的数据进行适当调整，真正实现以人为本、以学习者为中心。而自适应学习技术旨在为每位学习者提供适合的学习分析、学习资源、学习途径和学习方式，也将会成为未来学习服务的新常态。

10.2.3 面向未来的学习需求重塑互联网学习内容

无论是互联网、信息技术，还是人工智能，都在对人才培养提出新的期望与要求。大量知识每两年就能够快速更新迭代，而且每个领域的工作岗位也正在被不断替代或重新定位。每一项新技术的诞生，以及产业的结合重构，都在重新定义工作岗位。经济合作与发展组织（OECD）2018年发布了《OECD学习框架2030》①，提出要拓宽对教育目标的认识，教育的目的不仅仅是让年轻人为工作做好准备，还要使学生具备成为积极、负责任和积极参与的公民所需的技能。通过对全球11083名16～70岁的学习者进行了约20分钟

① 经济合作与发展组织（OECD）. OECD学习框架[J]. 孟鸿伟，译. 开放学习研究，2018，23(3)：9-12，19.

的网络调查发现，智能时代学习者对于学习目标、学习内容和学习方式的认识已经发生了颠覆性的变化，主要发展趋势是：传统的职业道路已逐渐被职业重塑思维取代；数字化和虚拟学习将成为未来10年的新常态；遏制网络霸凌和维护社交媒体安全。面对未来的学习需求，需要把握新一代技术改变未来的工作和教育的趋势，积极发现新问题，探索新做法，确立新路径，重新定义面向未来的学习需求，重塑互联网学习内容。

10.2.4 互联网学习新生态逐渐形成

2020年“互联网＋教育”的核心在于构建教育变革，构建校内外相互打通、资源高度共享、流程无缝衔接的教育新生态，把信息技术赋能于教育治理，促进教育体系整体变革，使以学习者为中心的互联网学习生态趋于常态化。互联网学习在获取、利用、分享数据的过程中所衍生的数字伦理问题也将成为未来发展规范的关键点。个体的规范及自律，充分尊重数据的来源以及样本的隐私，利用技术提高人们的信息保护意识和道德意识，促进大数据时代数字伦理的健康发展，推动大数据的科学合理利用。隐私焦虑将催生教育数据治理新突破。互联网学习生态的逐渐形成，也将对教师、学生和管理者数据素养的提升越发强调。数据素养要求每一个人具备几个关键的技能，包括发现数据、评估数据、数据定位、数据理解、数据解释、使用数据决策和问题提出。基于数据素养的未来教育新图景，离不开发现数据的意识、分析数据的知识及数据处理的能力，因此数据素养将成为教师专业发展新需求和未来学生的关键能力。

附录

《2020年中国互联网学习发展报告》编写团队及支持机构介绍

顾问委员会

钟秉林　北京师范大学

任友群　教育部教师工作司

李建聪　教育部教育管理信息中心

王本中　国家教育咨询委员会，北京圣陶教育研究院

桑新民　南京大学

学术委员会

武法提　北京师范大学

贾积有　北京大学

刘清堂　华中师范大学

胡小勇　华南师范大学

总主编

曾德华　教育部教育管理信息中心

主　编

黄荣怀　北京师范大学

执行主编

赵建华　南方科技大学

副主编（以姓氏拼音为序）

耿　洁　天津市教育科学研究院

顾小清　华东师范大学

郭　炯　西北师范大学

黄文峰　北京师范大学

李　松　国家开放大学

茅红美　上海市早期教育指导服务中心，上海市教育委员会

严　冰　国家开放大学

张　琪　淮北师范大学

张　治　上海市宝山区教育局

周　一　教育部教育管理信息中心

宗俊峰　清华大学出版社

编　委(以姓氏拼音为序)

陈　平　南京市电化教育馆
高淑印　天津市中小学教育教学研究室
郭桂真　《中国教育信息化》杂志社
黄岳明　温州市学生实践学校
贾美华　北京市教育科学研究院
刘曦葳　《中国教育信息化》杂志社
刘学军　吉林省教育厅
卢丛波　青岛市教育装备与信息技术中心
马　涛　北京市海淀区教育科学研究院
滕秋莉　北京市西城区教育信息技术中心
汪志超　上海市教育委员会
王　喆　吉林省电化教育馆
徐寅波　衢州市教育事业发展中心
杨　阳　《中国教育信息化》杂志社
俞树煜　西北师范大学
袁新瑞　西北大学
张惠敏　深圳市教育信息技术中心

项目数据支持机构

百度文库

项目数据分析支持机构

数字学习与教育公共服务教育部工程研究中心
南方科技大学
复旦大学大数据研究院

项目研究基地

青岛市教育局、青岛市教育装备与信息技术中心

项目执行单位

《中国教育信息化》杂志社

项目实施负责人

刘曦葳　《中国教育信息化》杂志社

编辑团队

丁　岭　清华大学出版社
彭远同　清华大学出版社
赵轶华　清华大学出版社